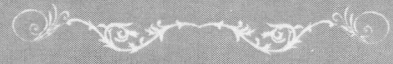

ZHISHICHANQUAN SUNHAI PEICHANG ZHIDU YANJIU

知识产权损害赔偿制度研究

张元光

著

知识产权出版社

全国百佳图书出版单位

图书在版编目（CIP）数据

知识产权损害赔偿制度研究 / 张元光著. — 北京 :知识产权出版社, 2018.4
ISBN 978-7-5130-5513-0

Ⅰ.①知… Ⅱ.①张… Ⅲ.①知识产权－侵权行为－赔偿－研究－中国 Ⅳ.①D923.404

中国版本图书馆CIP数据核字（2018）第064900号

内容简介

在知识产权侵权民事诉讼中，侵权行为的认定与损害赔偿数额的确定是原被告双方争议的两大焦点问题。在我国司法实践中，比较注重侵权行为的认定，但往往对损害赔偿数额确定的理由论述不够，给知识产权审判工作披上了"神秘的面纱"。本书从司法实践中存在的具体问题出发，结合相关理论，对补偿性赔偿和惩罚性赔偿的司法适用问题进行全面系统的研究，并提出有针对性的建议，以期对知识产权损害赔偿制度的完善有所帮助。

责任编辑：田　姝　　　　　　　　　　责任印制：孙婷婷

知识产权损害赔偿制度研究
ZHISHICHANQUAN SUNHAI PEICHANG ZHIDU YANJIU
张元光　著

出版发行：	知识产权出版社 有限责任公司	网　　址：	http: // www. ipph. cn
电　　话：	010－82004826		http: //www. laichushu. com
社　　址：	北京市海淀区气象路50号院	邮　　编：	100088
责编电话：	010－82000860转8598	责编邮箱：	tianshu@cnipr.com
发行电话：	010－82000860转8101 / 8029	发行传真：	010－82000893 / 82003279
印　　刷：	北京中献拓方科技发展有限公司	经　　销：	各大网上书店、新华书店及相关专业书店
开　　本：	700mm×1000mm　1/16	印　　张：	10.75
版　　次：	2018年4月第1版	印　　次：	2018年4月第1次印刷
字　　数：	150千字	定　　价：	35.00元

ISBN 978 - 7 - 5130 - 5513 - 0

目　　录

导　　论

在知识产权侵权民事诉讼中,侵权行为的认定与损害赔偿数额的确定是原被告双方争议的两大焦点问题。我国司法实践中,比较注重侵权行为的认定,但往往对损害赔偿数额确定的理由论述不够,给知识产权审判工作披上了"神秘的面纱"。究其原因,主要是知识产权的无形性,导致损害赔偿数额计算难。

目前,我国关于知识产权损害赔偿的计算方式,通常采用填平原则,即权利人损失多少,法院便判决侵权人赔偿多少。根据我国现行专利法、商标法及著作权法的相关规定,法院在确定赔偿数额时,首先以原告的实际损失计算;实际损失无法确定的,以被告的违法所得计算;原告的实际损失和被告的违法所得均无法确定的,专利法与商标法规定,可以参照许可使用费的倍数确定。上述方式均无法确定的,我国专利法、商标法、著作权法规定可以适用法定赔偿。2013年新修订的商标法,增加了惩罚性赔偿的规定。但在审判实践中,惩罚性赔偿案例屈指可数。

从审判实务来看,我国大多采用法定赔偿方式。根据法律规定,法定赔偿本来应该是法院确定赔偿数额的"最后选择",但在审判实践中,法定赔偿却成为人民法院最主要的认定方式。从立法本意而言,法定赔偿"应该不用就不要用";但从裁判实务来讲,法定赔偿"能够用就尽量用"。❶

---

❶吴汉东.知识产权损害赔偿的市场价值基础与司法裁判规则[J].中外法学,2016(6)1484.

　　表1系中南财经政法大学知识产权研究中心从2008—2012年4000余件案件中得到的分析数据。需要说明的是,关于许可使用费倍数的适用方式,商标法于2013年修正时予以增列,故不在此次统计之列。现行著作权法并未规定可以参照许可费的倍数确定赔偿数额。

表1　2008—2012年知识产权损害赔偿认定方式使用比例

权利类型	认定方式			
	实际损失	非法所得	合理倍数	法定赔偿
专利权	1.67%	0.48%	0.6%	97.25%
商标权	1.37%	1%	—	97.63%
著作权	21.21%	0.2%	—	78.54%

　　在南京市中级人民法院的支持下,作为南京地区主要集中管辖普通知识产权案件的南京铁路运输法院课题组撰写完成了《知识产权侵权诉讼成本与效率分析》实证分析报告。❶该报告显示:自2009年12月20日至2015年10月19日统计年度,南京地区法院共审结一审知识产权民事侵权案件6774件,其中判决1373件。经统计,在著作权侵权案件中,法院在确定赔偿数额时,采用"实际损失"判赔标准的占0.80%,采用"违法所得"判赔标准的仅有0.48%,采用"法定赔偿"判赔标准的占98.73%;在商标侵权案件中,法院采用"实际损失"和"违法所得"判赔标准的各占1.29%和0.52%,而采用"法定赔偿"判赔标准的则高达98.19%;在专利侵权案件中,采用"实际损失""违法所得"和"许可费用倍数"判赔标准的分别占1.84%、3.07%和1.23%,而采用"法定赔偿"判赔标准的为93.86%;不正当竞争侵权案件中,采用"实际损失"判赔标准的占17.65%,采用"法定赔偿"判赔标准的为82.35%。四类案件适用

---

❶宋健.知识产权损害赔偿问题探讨——以实证分析为视角[J].知识产权,2016(5)14-16.

"法定赔偿"的总体比例达93.28%,如果仅计算商标侵权、专利侵权和著作权侵权三类案件,法定赔偿比例高达96.92%(见表2)。

表2　南京地区法院知识产权判决赔偿标准的适用比

赔偿标准	权利类型			
	著作权	商标权	专利权	不正当竞争
实际损失	0.80%	1.29%	1.84%	17.65%
违法所得	0.48%	0.52%	3.07%	—
法定赔偿	98.73%	98.19%	93.86%	82.35%

第一章　以权利人实际损失确定损害赔偿数额

权利人实际损失,是指权利人在没有侵权行为的情况下能够获得利润与侵权情况下实际获得的利润的差额。英国、美国采用的概念是"失去的利润",其实质与我国实际损失相似。其逻辑基础也与我国基本一样,如果不存在侵权行为,权利人可以获得更高的利润,二者的差额即为权利人的损失额。

具体来说,著作权人的损失是其因侵权所造成复制品发行减少量或者侵权复制品销售量与权利人发行该复制品单位利润的乘积。商标权利人的损失是其因侵权所造成商品销售减少量或者侵权商品销售量与该注册商标商品的单位利润的乘积。专利权人的损失可以根据专利权人的专利产品因侵权所造成销售量减少的总数乘以每件专利产品的合理利润所得之积计算。权利人销售量减少的总数难以确定的,侵权产品在市场上销售的总数乘以每件专利产品的合理利润所得之积可以视为权利人因被侵权所受到的实际损失。

第一节　权利人产品销售量减少总数的确定

实践中,权利人为证明产品销售量减少的总数,往往会提交其财务资料和相关审计报告。但需要指出的是,由于相关证据系由权利人单方提供,侵权人往往会据此否认证据的真实性。而且,权利人的产量降低数额并不一定完全由侵权行为所致,也可能是因为市场需求变化、产品更新换代或权利人自身经营状况不佳所致。法院在确定减少数额时,要根据权利人提交的证据材料综合判断产品销售量减少与侵权行为之间的因果关系。

在浙江小家伙食品有限公司(以下简称"小家伙公司")、潘某某诉浙江金义集团有限公司(以下简称"金义公司")、杭州三利食品工贸有限公司(以下简称"三利公司")、江西省南昌市宏泰副食品批发部专利侵权案中❶,一审法院认为,根据乐清永安会计师事务所的审计报告,"小家伙"牌旋转式吸管的果奶销量从1999年5月开始,以1999年4月的基数为准,截至2001年5月,共下降41 266.876万瓶,损失金额达31 844 822元。即使2000年3月(金义公司、三利公司辩称原告曾发生中毒事件的时间)以后的销售数额均按2000年3月的数额计算,下降的幅度亦达到36 402.003万瓶,损失金额有28 090 697元,故原告请求金义公司、三利公司赔偿损失1300万元的理由充分,予以准许。原告发明的旋转式吸管瓶盖系与饮料瓶紧密相连的,目的是能卫生方便地吸饮瓶中的饮料,这是其他的饮料包装物所不具备的,由于金义公司、三利公司侵犯了原告的专利权,致使原告生产的饮料产品丧失了独特性,势必造成原告生产的饮料销量下降,金义公司、三利公司应对其侵权行为给原告造成的损失全额赔偿,故该二公司认为在计算损失时,不应将饮料本身的利润计算进去的理由不充分,不予支持。据此,一审法院判决金义公司、三利公司在本判决生效后十日内赔偿原告经济损失1300万元。

金义公司、三利公司不服,上诉至江西省高级人民法院。江西省高级人民法院认为,关于侵权赔偿问题,根据我国法律的规定,侵犯专利权的赔偿数额,应按照权利人因被侵权所受到的损失或者侵权人因侵权所获得的利

---

❶南昌市中级人民法院(1999)洪民二初字第25号民事判决书,江西省高级人民法院(2002)赣民三终字第17号民事判决书。

益确定,这即是赋予权利人以选择权,其既可以选择按自己的损失计算,也可以选择按侵权人的获利计算。该案一审中因上诉人拒绝提供其获利情况,原审法院依据乐清市永安会计师事务所对小家伙公司销售状况的审计,支持了被上诉人的诉讼请求。上诉人提出被上诉人产品销量的减少存在多种因素影响,且还有其他厂家生产同种产品,不应由上诉人一家承担,法院认为,上诉人的这一主张虽有一定的道理,但在判断被上诉人销量减少因素时,还有一个重要的参照系,即侵权人的获利。如果上诉人的获利明显小于被上诉人利润的减少,那么应当考虑被上诉人销量的减少还受其他因素的影响,但如上诉人的获利大于被上诉人利润的减少,则不必考虑。该案中由于上诉人拒绝提供其获利情况,且从被上诉人提供的二张发票所反映的果奶瓶盖的增值利润,可以推断出上诉人的获利是大于被上诉人因销量的减少而造成的损失的。况且永安会计师事务所审计报告反映小家伙公司因销量减少的损失达 31 844 822 元,被上诉人主张的 1300 万元赔偿额并未超出审计的数字。因此,原审法院判决上诉人赔偿被上诉人 1300 万元并无不当。鉴于原审被告宏泰批发部未提出上诉,而审中无正当理由不到庭参加诉讼,也未提出书面主张,法院对其责任问题不予审理。综上,原审判决认定事实清楚,适用法律正确,判决得当,应予维持。

由于当前我国对民事赔偿推行的是填平原则,其相对于惩罚性赔偿而言属于较低的赔偿标准,适用这一标准应保证赔偿额的及时、充分和有效。因此,在计算权利人的损失时应采用就高不就低的原则,选择最合理和最有利于赔偿损失的(即高标准的)计算方法,以保障权利人的全部损失尽可能地得到弥补。这样也有利于抑制同类侵权行为的再度发生,实现诉讼应有的警戒目的。实践中,对于某些难以准确计算或现有证据无法直接证明的损失,可参照一定的标准进行推算;对涉及赔偿数额的证据采信不宜过分严格,尤其是权利人经济损失的确认,许多时候权利人很难举证证实其销售量因侵权行为而减少的准确数据,但只要权利人尽了善意举证义务,且根据其提供的证据能够对权利人销售情况的变化做出大致相当的推断,并足以让一个独立而公正的裁判者产生内心确信,就应当对相关证据以及权利人据此提出的请求予以采纳,而不宜简单地适用50万元以下的酌定赔偿,否定权利人提出的以其损失作为赔偿依据的主张。❶

在广州市好又多百货商业广场有限公司诉广州正大万客隆(佳景)有限公司侵犯商业秘密纠纷案中❷,一审法院认为,被告以不正当手段获取和使用原告的商业秘密,其行为违反了《中华人民共和国反不正当竞争法》第10条第1款第(一)、(二)项的规定,侵犯了原告的商业秘密,构成不正当竞争。被告对其侵犯原告商业秘密的不正当竞争行为,应承担赔偿损失等民事责任。关于赔偿损失的数额,原告所提请求理由不充分,不能全额支持。因为上列评估报告是受广州市好又多百货商业广场有限公司委托做出的,有关评估资料也没有经过该案双方当事人质证、认证,不符合民事诉讼中关于评估的程序要求;且上列发生法律效力的刑事判决也没有对该评估报告中认定的造成原告的直接损失和间接损失的数额予以确认。故该评估报告中认定的原告因李建新犯罪造成的经济损失数额,不能作为该案认定被告侵权给原告造成经济损失的依据。上列刑事判决中认定原告的销售收入下跌的比例和数额与原告在该案中提交的三份利润表中反映的销售收入减少的数额,在一定程度上反映了其损失情况。由于原告自1997年9月初开始月销售收入下跌669万元的数额是已经发生法律效力的刑事判决所确认的事实,法院予以确认。原告开业不久即发生侵权事实,原告提交的三份利润表中反映其利润均为负数,无法反映其获利情况,无法参照;而毛利和毛利率又

---

❶林幼吟,彭新强,张筱锴.知识产权侵权损害赔偿额的证据认定[J].人民司法,2006(09)73.

❷广州市中级人民法院(2000)穗中法知初字第22号民事判决书,广东省高级人民法院(2002)粤高法民三终字第3号民事判决书。

未扣除其有关销售成本等费用,故均不能作为计算其损失的直接依据。另外,原告一直也未提交其可供评估的有关财务报表,故法院参照广州市统计局统计的与该案发生侵权相同时期的1997年广州市市区大中型批发零售贸易业财务状况资料中与原告所属行业相近似的日用百货零售业的平均利润率作为原告当时的利润率,并结合被告购买和使用原告的商业秘密至公安机关查获的时间等实际情况,确定原告因被侵权之后所受损失时间为2个月,且每月销售收入下跌669万元,则被告应赔偿的经济损失数额为以此利润率乘以原告共2个月销售收入下跌669万元的数额,即1 195 693.66元。至于原、被告提出的上述统计年鉴中反映的数据不能作为该案认定原告所处行业的平均利润等意见,广州市中级人民法院认为,由于该案中存在着原、被告在举证方面的上述原因,该院没有对原告在发生侵权当时的实际利润率进行审计,故不可能完全准确无误地计算原告的损失。但参照统计局统计的公开数据中与该案原告情况较接近的行业的平均利润率作为原告的利润率是公平合理的。由于被告购买、使用原告的商业秘密并未给原告造成名誉损失,故原告请求判令被告登报赔礼道歉等请求缺乏依据,法院不予采纳。一审判决后,原告提出上诉。二审法院认可了一审的意见,做出了维持原判的处理。

第二节　侵权产品在市场上的销售总数的确定

司法实践中,权利人按商品销售量减少数额主张权利的案例较少,得到法院支持的案件更是屈指可数。究其原因,主要有以下几方面:一是由于商品的市场需求等原因,在侵权事实已经发生的情况下,权利人的商品销售量并没有减少,但是,被告的侵权行为对权利人潜在的销售市场造成损害;二是权利人对销售量减少的总数难以举证,且由于相关证据材料系由权利人单方提供,被告往往会因此提出抗辩,所以销售量减少数额难以得到法院认可;三是因果关系难以证明。即使权利人能够证明其产品销量减少的数额,但影响专利产品的销售量的原因是多方面的,既可能是权利人自身经营的方面的内部原因,也可能是市场方面的外部原因。内部原因包括权利人产品本身存在缺陷、营销策略出现失误等。外部原因包括如市场需求的变化、市场竞争者的出现等。上述因素都可能导致权利人产品销量减少,要证明哪部分销量是由被告的侵权行为引起的,准确界定二者的因果关系,是非常困难的。

因此,根据查明的侵权产品的销售量和权利人合法商品的利润来计算权利人的实际损失,就成为权利人可以选择的另外一种赔偿额计算方式。这种变通的赔偿方式,已被很多法院采用。从司法实践效果来看,其符合大多数案件的实际情况,有力保护了权利人的合法权益,对侵权人也不失公平。在宁波市东方机芯总厂诉江阴金铃五金制品有限公司侵犯专利权纠纷一案中❶,最高人民法院也表达了类似观点。最高人民法院认为,实践中往往存在下列情况:专利产品销售量减少总数难确定,每件专利产品利润却可以确定;侵权产品在市场上销售的总数可以查明,每件侵权产品的利润却难以确定。针对这种情况,司法实践中也将每件专利产品的合理利润乘以侵权产品的销售总数所得之积,推定为专利权人因被侵权所受到的损失。采用这种推定的方法来确定专利权人因被侵权所受到的损失,具有充分的合理性。因为市场上销售了多少侵权产品,就意味着侵占了专利产品多大的市场份额。如果这部分被侵占的市场销售份额属于专利产品,自然应当以该专利产品的价格进行销售。所以,最高人民法院于2001年6月公布的《关于审理

❶江苏省高级人民法院(1999)苏知终字第9号民事判决,最高人民法院(2001)民三提字第1号民事判决。

专利纠纷案件适用法律问题的若干规定》第二十条第二款确认了上述计算方法。

一、侵权产品在市场上的销售总数的确定

侵权产品在市场上的销售总数,可以通过国家有关机关查获的侵权产品数量进行确定。

例如,在河南泉星创世纪种业有限公司(以下简称"泉星公司")诉被告河南丰产种业有限公司(以下简称"丰产公司")商标侵权纠纷一案中[1],泉星公司系"创星及图文"(注册证号:4911527)注册商标专用权人,核定使用商品为第31类。2013年9月12日,河南省鄢陵县公安局接到举报称丰产公司生产、销售假小麦种子。鄢陵县公安局接到报案后对丰产公司依法进行检查。经过检查,现场查获丰产公司正在进行包装、生产、装运、销售的标注有"创星及图、济麦22、河南泉星创世纪种业有限公司、净含量:15kg"等字样的小麦种子1820袋。2013年10月1日,鄢陵县公安局通过侦查决定对丰产公司所涉假冒注册商标案的产品进行扣押,立案侦查。2013年10月2日,鄢陵县公安局对丰产公司法定代表人黄某某做取保候审的决定。同日对1820袋涉案侵权产品进行了价值鉴定,市场价值为15.47万元。一审法院认为:从公安机关在丰产公司住所地现场侦查情况看,侵权产品的生产、包装、储存均在丰产公司生产场所,丰产公司为侵权主体。关于泉星公司诉请的赔偿数额问题。《中华人民共和国商标法》第63条第1款规定:"侵犯商标专用权的赔偿数额,按照权利人因被侵权所受到的实际损失确定;实际损失难以确定的,可以按照侵权人因侵权所获得的利益确定;权利人的损失或者侵权人获得的利益难以确定的,参照该商标许可使用费的倍数合理确定。对恶意

---

[1] 河南省许昌市中级人民法院(2014)许民初字第137号,河南省高级人民法院(2015)豫法知民终字第143号。

侵犯商标专用权,情节严重的,可以在按照上述方法确定数额的一倍以上三倍以下确定赔偿数额。赔偿数额应当包括权利人为制止侵权行为所支付的合理开支。"该案公安机关对1820袋涉案侵权产品进行的价值鉴定15.47万元,应视为泉星公司的实际损失。丰产公司未经商标注册人的许可,故意在其生产的小麦种子商品上使用泉星公司的注册商标,且生产数量较大,具有主观恶意。原审法院根据该案侵权产品的数量、价值以及丰产公司主观恶性程度,依照《中华人民共和国商标法》第63条规定,酌定赔偿数额为31万元。河南丰产种业有限公司不服,提起上诉。二审法院认为,该案中原审法院综合考虑公安机关对1820袋涉案侵权产品市场价值鉴定为15.47万元,以及丰产公司的主观侵权恶意,酌定赔偿数额为31万元并无不妥。综上,原审法院依据2013年修订的《中华人民共和国商标法》进行判决虽有不当,但是实体处理正确,丰产公司提出的该项上诉理由不能成立,法院不予支持。

此外,在南京菲时特实业有限公司诉程某某侵害商标权纠纷一案中❶,法院也根据工商行政管理局查处的数量进行认定。该案中,被告程某某于2012年9月购进标有原告注册商标"PPW"的地板辐射采暖专用塑料管27捆,每捆长度300米,并对外销售。同年12月,馆陶县工商行政管理局对被告经销假冒原告公司注册商标"PPW"产品行为做出认定,认为侵犯原告注册商标专用权行为成立,并做出行政处罚:第一,责令立即停止侵权行为;第二,没收扣留的27捆侵犯"PPW"注册商标专用权地板辐射采暖专用塑料管。另查明,与涉案地板辐射采暖专用塑料管同型号的产品,原告公司生产成本为1.68元/米,供货批发价格为3.2元/米,原告据此计算8100米的经济损失为人民币12 312元。同时原告提供为制止侵权所支付的合理开支为人民币7000元。法院经审理认为,"PPW"商标是原告申请经国家商标局核准的注册商标,故原告对该商标享有注册商标专用权,该商标核定使用的商品中

---

❶河北省邯郸市中级人民法院(2013)邯市民四初字第10号。

包括：塑料管、非金属管道接头等。被告未经原告许可销售假冒原告公司注册商标"PPW"产品行为侵犯了原告的"PPW"注册商标专用权，原告主张赔偿损失人民币 10 000 元并支付制止侵权行为的合理费用人民币 7000 元应予以支持。该案中，原告根据行政机关查获的侵权产品数量，乘以每件合法产品的单位利润，计算其实际损失为人民币 12 312 元。但因其向法院主张的实际损失数额为 10 000 元，所以法院全额支持其主张。

二、合法产品合理利润的确定

在侵权产品销售数量可以确定的情况下，根据专利产品或者侵权产品的利润率，即可以计算出被侵权人的损失或者侵权人获得的利益，并以此来确定赔偿额；在有关产品的利润率难以准确计算时，人民法院可以酌定一个合理的利润率来计算。合法产品合理利润的确定，可以根据审计报告和合法产品的报价单据和销售发票认定。

在宁波市东方机芯总厂（以下简称"机芯总厂"）诉江阴金铃五金制品有限公司（以下简称"金铃公司"）侵犯专利权纠纷一案中❶，机芯总厂系"机芯奏鸣装置音板的成键方法及其设备"发明专利的权利人，专利号为92102458.4。金铃公司的法定代表人冯某以及台湾商人曾某某曾与机芯总厂合资成立宁波韵美精机有限公司，冯某出任该公司副总经理。机芯总厂将其专利许可给宁波韵声（集团）股份有限公司（以下简称"宁波韵升公司"）实施，生产音片，有双方签订的 92102458.4 号专利实施许可合同为证。1998年 10 月 23 日，宁波公正审计事务所根据宁波市江东区人民检察院的委托，对宁波韵升公司 1997 年度生产的机芯、音片的利润情况进行了专项审计，做出宁公审（1998）179 号审计报告。审计报告以宁波韵升公司 1997 年音片出

---

❶江苏省高级人民法院（1999）苏知终字第 9 号民事判决，最高人民法院（2001）民三提字第 1 号民事判决。

口出厂报价每片0.16美元(折合人民币为1.3264元)作为音片的销售价格。审计结果为:每片音片的生产成本为0.473元,应负担税金0.0041元,费用为0.1116元,单位利润为0.545元。机芯总厂认为金铃公司侵犯其专利权,诉至法院。南京市中级人民法院一审认为:金铃公司生产音板的设备上没有导向板装置,缺少专利保护范围中的必要技术特征,不构成侵权。该院依照原专利法第五十九条规定,判决:驳回机芯总厂的诉讼请求。该案诉讼费15 010元,诉讼保全费5520元,由机芯总厂承担。江苏省高级人民法院二审驳回上诉,维持原判。

最高人民法院经提审认为:就该案来说,机芯总厂已举证证明宁波韵升公司使用该厂专利所生产的音片,其出口出厂报价为每片0.16美元,国内销售价格为每片1.33元人民币,并提供宁波公正审计事务所宁公审(1998)179号审计报告一份,证明该公司生产的音片的单位成本为0.473元,负担税金为0.0041元,费用为0.1116元,单位利润为0.545元。机芯总厂同时还举证证明金铃公司共生产侵权音片七八百万片,金铃公司也承认其自成立以来至1999年上半年,共生产音片720万片。庭审中,金铃公司对宁波公正审计事务所的审计报告与该案的关联性提出异议,认为该份审计报告是对宁波韵升公司生产的音片单位利润所做的审计,与该案无关。但根据查明的事实,宁波韵升公司生产的音片使用的就是机芯总厂92102458.4号专利技术,有机芯总厂与宁波韵升公司签订的专利实施许可合同为证。所以,金铃公司认为该份审计报告与该案无关的理由不足。金铃公司还认为,该份审计报告是宁波公正审计事务所根据宁波市江东区人民检察院的委托,为其他案件所做的审计,且在宁波市江东区人民法院对该案所作出的(1998)甬东刑初字第206号刑事附带民事判决书中也没有认定这份审计报告,故该份审计报告所审计的音片单位利润不能用来作为计算该案损害赔偿额的依据。但经对审计报告的内容进行审查和分析,审计报告所依据的每片音片销售价格

0.16 美元(折合人民币为 1.326 元)是真实可靠的,有该产品的报价单据和销售发票为证。审计报告审计的音片的单位利润 0.545 元,除减去了音片的生产成本外,还减去了税金和应摊的费用,属于营业利润,也符合按营业利润计算侵权损害赔偿额的一般原则。金铃公司也没有指出该份审计报告的审计内容存在错误。因此,该份审计报告有关音片的单位利润的审计结论,法院予以采信。根据宁波韵升公司专利音片单位利润 0.545 元和金铃公司共生产侵权音片 720 万片计算,机芯总厂因被侵权所受到的损失应为 392.4 万元。鉴于机芯总厂只主张金铃公司赔偿其因被侵权所受到的经济损失 100 万元,且考虑到机芯总厂生产的音片利润中含有其他知识产权所创造的价值等因素,故机芯总厂的赔偿请求,法院予以支持。金铃公司虽然也提供了一份有关该公司加工生产音片的成本核算情况,每片加工成本为 0.4075 元,出口加工费为 0.42 元,每片利润为 0.0125 元,但由于没有相应的证据佐证,且每片所获利润明显不合理,故法院不予采信。

合理利润往往由权利人提供初步证据,法院进行综合认定。在原告华纪平、合肥安迪华进出口有限公司(以下简称"安迪华公司")与原审被告上海斯博汀贸易有限公司(以下简称"斯博汀公司")、如东县丰利机械厂有限公司(以下简称"丰利公司")、南通天龙塑业有限公司(以下简称"天龙公司")侵犯专利权纠纷一案中❶,华纪平向国家专利局申请一项名称为"哑铃套组手提箱"的实用新型专利,该专利授权公告日为 1999 年 12 月 10 日,专利号为ZL99205057.X。2003 年 1 月 18 日,安迪华公司通过与华纪平签订《专利技术实施许可合同》方式,取得在中国制造、使用、销售和出口涉案哑铃套组手提箱专利产品的"非独占性且不可转让的许可权"。同时,约定许可使用费为每年 500 万元人民币。2005 年 10 月,华纪平以斯博汀公司、丰利公司在南通

---

❶江苏省高级人民法院(2005)苏民三初字第 0006 号民事判决,最高人民法院(2007)民三终字第 3 号。

海关出口的2160件哑铃套组手提箱侵犯其专利权为由,向南通海关申请扣押该批侵权产品,并随即向江苏省高级人民法院申请诉前责令停止侵犯专利权行为、财产保全及提起诉讼。一审法院认为:关于涉案专利产品合理利润的认定。两原告主张采用涉案手提箱包装的20kg哑铃产品的利润率为销售价格14.66美元/件的30%,而斯博汀公司主张销售该产品的利润率为10%左右,丰利公司主张其生产、销售该产品的利润率为10%以内。故即使按斯博汀公司和丰利公司的陈述,由丰利公司所生产的涉案产品经斯博汀公司销售给国外客户的利润总额也应当在20%左右。同时,根据涉案专利手提箱本身的价值及其在实现所包装的哑铃产品利润中所起的作用,结合双方当事人主张的利润率等因素,可以确定涉案专利手提箱的合理利润率为涉案哑铃产品销售价的15%。因此,按照原告的销售价格14.66美元/件计算,涉案专利手提箱的合理利润应为2.20美元/件。

二审法院认为:该案原审法院根据侵权产品销售数量乘以酌定的专利产品的合理利润来计算该案赔偿额,并无不妥,但各方当事人对原审法院酌定的合理利润率15%均有异议。华纪平、安迪华公司上诉认为原审确定的利润率过低,主张依据其所举成本核算表的计算结果,按44%的利润率来计算赔偿。对此,在原审法院已经就专利产品和侵权产品的利润率进行了审查而且原告也提出了30%的专利产品利润率的具体主张的情况下,华纪平、安迪华公司在二审中又提交该证据,并不属于一审庭审结束后新发现的证据,不能作为二审程序中的新的证据。同时,即使可以接受该证据,由于有关内容系安迪华公司自行核算的结果,在没有其他证据佐证的情况下,不能仅凭加盖税务部门印章就认可其内容的真实性。另外,假设该利润率是真实的,也只是其出口的使用涉案专利包装箱的20kg杠铃组产品的整体利润率,并不能当然将出口整套产品的利润全部认为是涉案专利包装箱本身的利润。斯博汀公司和丰利公司上诉认为原审确定的利润率过高,但均未能举出充分的证据支持其主张。其关于应当根据使用专利包装箱和使用纸包装箱的产品差价来计算专利包装箱的价格并据此确定利润率的主张，虽然具有一定的合理性，但也并非绝对准确，基于特定的营销策略，专利产品与非专利产品之间的差价并不当然反映出专利的贡献作用。同时，在确定知识产权侵权损害赔偿额时，可以考虑当事人的主观过错程度确定相应的赔偿责任，尤其是在需要酌定具体计算标准的情况下，应当考虑当事人的主观过错程度。该案中斯博汀公司在与安迪华公司终止了使用涉案专利手提箱的哑铃产品的采购关系后，又向丰利公司采购同样产品，存在明显的主观过错，应当在赔偿额上有所体现。

综合考虑，原审法院在当事人均不能准确举证证明相关专利产品或者侵权产品利润率的情况下，根据侵权人自认的使用涉案专利手提箱的哑铃产品的利润率，结合权利人当时主张的自己产品的利润率，同时考虑专利产品和侵权产品本身的价值和作为市场销售的哑铃产品的包装对整体产品销售利润的贡献作用，确定涉案专利包装箱的合理利润率为涉案哑铃产品销售价的15%，虽然相对较高，但考虑到侵权人的主观过错明显，该酌定的利润率并无明显不妥，法院无须予以变更，各上诉人有关利润率计算的上诉理由法院均不予支持。

第二章 以侵权人非法获利确定损害赔偿数额

侵权人非法获利,是指侵权人因侵权行为获得利润的数额,即根据该侵权产品在市场上销售的总数乘以每件侵权产品的合理利润所得之积计算。任何人不能从自己的不当行为中获利,这是必须遵守的基本原则。而且,由于一件产品的市场容量是固定的,如果侵权产品占有了一定市场份额,也就意味着权利人失去了相同的市场份额。据此,基于侵权行为的违法性,因侵权行为所带来的利益为非法获利,应当归于专利权人所有。只有侵权人无利可图,才能发挥法律的预防功能。

在现行的会计制度下,利润的概念一般涉及营业利润、销售利润和净利润。"销售利润"为产品销售收入减去相应的销售成本(包含制造成本以及销售费用)、产品销售税金以及附加等费用后的利润;而"营业利润"是指产品销售利润减去管理、财务等费用后所得的利润。净利润为营业利润减去所得税后的利润。一般情况下,"销售利润"远远大于"营业利润"。因此,以哪一种利润来计算赔偿数额,涉及当事人重大利益,需要予以明确。[1]由于营业利润是扣除成本以及管理等费用的结果,因此,按照"营业利润"来计算,比较接近侵权人因侵权所获得的"利益"。相对地,若按照"销售利润"来计算侵权人因侵权所获得的利益,因为没有扣除侵权人的管销费用,不但对侵

---

[1]曹建明.新专利法司法解释精解[M].北京:人民法院出版社,2002:101.

权人较为不利,似乎也不公平,因此按照"销售利润"的计算方法是用于完全以侵权为业的侵权人。《最高人民法院关于审理专利纠纷案件适用法律问题的若干规定》第 20 条第 2 款规定,专利法第 65 条规定的侵权人因侵权所获得的利益可以根据该侵权产品在市场上销售的总数乘以每件侵权产品的合理利润所得之积计算。侵权人因侵权所获得的利益一般按照侵权人的营业利润计算,对于完全以侵权为业的侵权人,可以按照销售利润计算。

为证明"侵权产品的合理利润",原告在诉讼中常会申请法院对被告的财务账册进行保全,通过审计来计算其具体利润,以计算对权利人的赔偿。因此,以侵权人的侵权获利作为权利人的损失,相对而言在实际操作中更为可行。在赵华诉纵横二千有限公司、上海和缘服装有限公司、广州千盈服装有限公司、浙江银泰百货有限公司侵害商标权纠纷案中❶,赵华拥有"2000(手写体)"商标专用权,核准使用产品为第 25 类(袜、手套、围巾、面纱、披巾、领带、服装带、腰带)。纵横二千公司持有"G2000"商标,核定使用产品为第 25 类(服装、鞋、帽)。纵横二千公司曾请求撤销"2000"商标,但经历了商评委及两级法院审理后,未获成功。赵华认为纵横二千公司生产销售带有"G2000"商标的腰带、围巾、领带、袜子等商品,侵犯了其"2000"商标权,遂提起诉讼。原审法院认定纵横二千公司构成商标侵权,二审法院予以维持。在赔偿数额计算上,二审法院以法院调取的纵横二千公司某一家门店 2000年(处于侵权期间内)销售的侵权产品总销售额作为计算基数,用来推定代替纵横二千公司各家专门店侵权期间总销售额的平均值。关于门店数量,二审法院根据纵横二千公司提供的 84 份专卖销售合同确定为 84 家。关于利润率,依据纵横二千公司提供的证据看,其利润率超过 60%,根据一审法院前往门店调取的侵权产品进货金额和销售金额来计算,侵权商品利润率超过 30%,通常产品的利润率为 10% ~ 20%,因纵横二千公司拒绝提供利润

---

❶浙江省高级人民法院(2008)浙民三终字第 108 号。

率具体情况,赵华请求依照20%计算,一审、二审法院采纳20%作为利润率。二审法院采取"销售额基数×侵权门店数×侵权年份×利润率"的计算方法,得出侵权获利。

第一节　违法所得数额的确定

侵权人的违法所得主要体现在侵权人的财务账册、生产记录、销售合同及其对外发布的经营信息(如广告)等方面,这一类证据大多掌握在侵权人手中,权利人无从获得,因而难以承担举证责任,而作为被告的侵权人则通常主张自己没有获利或拒不提供相关证据。对此,对于权利人的举证要求不宜过高,因为其损失往往缺乏直接证据可以证实,故多数情况下权利人不能提供充分证据情有可原;而侵权人则不同,其作为侵权产品的生产经营者,对自身的经营状况不可能不了解,只要其出示真实全面的财务账册完全可以说明问题。这种情况下,若侵权人拒不举证或举证不能(包括提供的证据真实性不足采信),而根据权利人提供的证据或法院依法查证的事实能够确定侵权人大致的获利情况,就应当对侵权人做出不利的解释和处理。❶

为了克服这些障碍,各地法院在审判实践中发展出多种变通的方式用来确定侵权人因侵权所获得的利益。

一、参考被告的相关合同、对外商业宣传等渠道获得其销售量的信息

在武汉晶源环境工程有限公司(以下简称"晶源公司")诉日本富士化水工业株式会社(以下简称"富士化水")、华阳电业有限公司(以下简称"华阳

---

❶林幼吟,彭新强,张筱锴.知识产权侵权损害赔偿额的证据认定[J].人民司法,2006(9)74.

公司")侵犯发明专利权纠纷案中❶,福建省高级人民法院一审认为,因该案无法查明权利人晶源公司因被侵权所受到的损失,故该案按被告富士化水的获利确定赔偿数额。根据该案现有证据,富士化水提供给华阳公司后石电厂海水烟气脱硫系统价格为人民币2530.62万元每套,涉案为1、2号机组,两套海水烟气脱硫系统价格合计为人民币5061.24万元,其中富士化水除提供少量零部件外,主要是转让技术,在计算赔偿额时本应扣除该少量零部件的价值,剩余部分为富士化水的获利,但由于富士化水拒不提供其销售给华阳公司相关零部件的价格清单,法院将全部合同价款视为富士化水因侵权所获的利润。据此,福建省高级人民法院判决被告日本富士化水株式会社赔偿原告武汉晶源环境工程有限公司经济损失人民币5061.24万元。上诉人晶源公司、富士化水、华阳公司不服福建省高级人民法院(2001)闽知初字第4号民事判决,向最高人民法院提起上诉。最高人民法院认为原审判决在被控侵权人因侵权获利具体数额未被证明的情况下,根据华阳公司提供的海水脱硫工程造价明细表综合认定赔偿数额为人民币5061.24万元,基本适当。但是,这笔赔偿不应只由富士化水一家承担,因此,改判日本富士化水工业株式会社和华阳电业有限公司共同赔偿武汉晶源环境工程有限公司经济损失人民币5061.24万元。

二、参考同类产品的市场平均价

在雅马哈发动机株式会社诉浙江华田工业有限公司(以下简称"浙江华田公司")、台州华田摩托车销售有限公司(以下简称"台州华田销售公司")、台州嘉吉摩托车销售有限公司(以下简称"台州嘉吉公司")、南京联润汽车摩托车销售有限公司(以下简称"南京联润公司")商标侵权纠纷一案中,

---

❶福建省高级人民法院(2001)闽知初字第4号民事判决书,中华人民共和国最高人民法院(2008)民三终字第8号民事判决书。

"YAMAHA""雅马哈""FUTURE"注册商标由日本雅马哈发动机株式会社在中国依法注册,注册号分别为1255404、1337138、868533。"YAMAHA""雅马哈"商标核定使用于第12类的摩托车、汽车、自行车、陆地车辆用发动机、摩托车零配件、摩托车用油箱等多种交通运输工具及其配件上。"FUTURE"商标核定使用于第12类的摩托车及其零部件、船舶及其零部件、飞机及其零部件等商品上。

2001年7月31日,台州市工商局对浙江华田公司、台州华田销售公司做出行政处罚决定。台州市工商局认定两公司的上述行为侵犯了原告的商标权,并对两公司进行了处罚。该处罚决定经浙江省工商局复议,并经台州市椒江区人民法院行政判决予以维持。南京市工商局2001年4月16日对南京联润公司做出处罚决定,认定该公司于2001年春节前后,从浙江台州华田摩托车公司购进华田牌YAMAHA摩托车122辆,价值47万元。该摩托车外包装上写有"日本YAMAHA株式会社"字样,车身写有"日本YAMAHA株式会社"及"FUTURE"字样。该局认为该公司的上述行为构成商标侵权,对其进行了行政处罚。

江苏省高级人民法院认为,由于浙江华田公司提供给法院的财务资料不完整,台州华田销售公司拒绝提供反映其经营状况的相关财务资料,台州嘉吉公司两次拒绝提供法院保全的财务资料,并拒不参加庭审。根据《最高人民法院关于民事诉讼证据的若干规定》第七十五条"有证据证明一方当事人持有证据无正当理由拒不提供,如果对方当事人主张该证据的内容不利于证据持有人,可以推定该主张成立"的规定,推定原告主张并计算的浙江华田公司、台州嘉吉公司应负赔偿数额成立,且原告主张赔偿额的计算方法有其合理性。根据修改后的《商标法》第五十六条以及《最高人民法院关于审理商标民事纠纷案件适用法律若干问题的解释》第十三条、第十四条的规定,原告选择以被告的侵权获利额为计算赔偿额的标准,具有法律依据;将生产商、销售商的侵权环节作为整体来计算其侵权获利额有其合理性;原告的具体计算方法中扣减了依据现有证据能够计算的经营成本;原告的计算方法尽量采用了双方所认可的审计报告中的成本、销售量等相关数据。虽然浙江省长兴县、德清县工商局的处罚决定中认定的由台州华田销售公司销售的被控侵权产品是由浙江嘉吉公司生产,但该两批产品的型号、外观、商标与该案侵权产品完全一致,属同类产品。原告参照台州华田销售公司销售的同类产品的市场平均价计算该案侵权产品的销售价格并无不当。最高人民法院认为,根据原审法院查明的事实,虽然浙江省长兴县、德清县两个工商局的处罚决定涉及的产品是由长兴金鹰摩托车销售有限公司、德清县双发摩托车有限公司从台州华田销售公司购进,由浙江嘉吉公司生产,但属同类产品,且产品型号、外观、商标与该案侵权产品完全一致。原审原告参照台州华田销售公司销售的同类产品的市场平均价计算该案侵权产品的销售价格并无不当。鉴于上诉人侵权故意较为明显,且在原审法院和法院审理期间,均未提供完整的财务资料,原审法院据此推定雅马哈发动机株式会社主张的赔偿数额成立并无不妥。据此,最高人民法院维持江苏省高级人民法院的判决。

三、参考国家有关部门公布的行业利润率

在知识产权侵权纠纷案件中,侵权获利是确定赔偿数额的前置考量因素之一。在侵权产品的利润无法查清的情况下,权利人可以提供有关部门公布的行业利润率。同时,权利人需要积极收集、补强证据,确实因客观原因无法获取证据的,可以申请法院保全证据,调查取证,责令侵权人披露账簿、资料等相关材料。

在中国港中旅集团公司(以下简称"港中旅集团")诉张家界中港国际旅行社有限公司(以下简称"张家界中港国际公司")侵害商标权及不正当竞争

纠纷案中[1]，中国港中旅集团公司在江苏、湖南等省份拥有多个以"港中旅"为字号的关联企业，通过发布广告、发行刊物等方式宣传"港中旅"标识，经过持续良好的经营和推广宣传，港中旅集团先后获得了中国企业500强等荣誉，2006年和2010年分别注册"港中旅国际""港中旅"商标。而另一家企业，张家界春秋旅行社有限公司，在2008年将企业名称变更为张家界港中旅旅行社有限公司；2009年变更为张家界港中旅国际旅行社有限公司；2014年12月变更为张家界中港国旅国际旅行社有限公司，当月又变更为张家界中港国际旅行社有限公司。这家公司在从事旅游经营活动中，将"张家界港中旅国际旅行社有限公司""港中旅"作为企业名称或商业标识进行宣传，将"港中旅"三个字以不同字体、不同颜色等方式突出使用。港中旅集团认为张家界中港国际公司行为构成商标侵权及不正当竞争，诉至法院请求判令停止侵权，赔偿损失100万元及合理支出10万元，并登报消除影响。一审法院认为，鉴于原告因商标侵权及不正当竞争所遭受的利润损失或被告因此所获得的利益无法从庭审证据中查实，依据《商标法》（2001年修正）第五十六条第一款、第二款的规定，酌情确定被告应赔偿的数额为人民币5万元。湖南省高级人民法院认为，"港中旅"字号具有相当的市场知名度、为相关公众所知悉，可以企业名称来保护。张家界中港国际公司将"港中旅"作为企业字号登记并在其经营和网络宣传中擅自使用，构成不正当竞争。在其经营场所、网络宣传中突出使用"港中旅"标识，用以标识其服务来源，侵害了"港中旅国际"注册商标专用权。以旅游局、税务局等国家机关公布或者记载的企业相关数据为基础，结合张家界中港国际公司自认的相关年度营业收入等数据，综合确定张家界中港国际公司每年度的侵权获利（旅游业务营业收入×利润率×"港中旅"品牌所占利润比例），计算2012、2013年度侵权获利数

---

[1] 湖南省张家界市中级人民法院（2014）张中民三初字第5号判决书，湖南省高级人民法院（2015）湘高法民三终字第4号判决书。

额,全额支持了港中旅集团的赔偿请求,并认定了5997元的合理支出。

该案为最高人民法院发布的2015年中国法院50件典型知识产权案例之一。该案的典型意义在于,权利人提交了证明全国旅游业务利润率的证据,法院依申请调取了相关证据,以地方税务局核定的侵权人实施侵权行为期间开具发票实际金额作为该公司的旅游营业收入,以侵权人实施变更企业字号等侵权行为前后年度营业收入增长额为基础推定"港中旅"品牌对侵权获利的贡献率,以国家旅游局官方网站公布的该行业利润率来计算经营利润,精细化计算侵权获利并结合当事人的诉讼请求来依法确定赔偿数额。既保护了"港中旅"品牌,也有力地制裁了侵权。此案是权利人积极举证而获得高额赔偿的典型案件。

第二节　损害赔偿数额计算中的利润分割

适用违法所得确定赔偿数额,最大的问题是侵权人的利益不一定完全是侵权行为所致。侵权产品的销售量不一定全是因为侵权人实施了该专利技术,而且利润也不一定全来自于侵权人实施了专利技术的贡献,侵权人的营销、业务手法等都可能创造销售量,而侵权人的生产、管理,还有其他各种因素,也会影响利润的高低。按照侵权人因侵权所获得的利益来计算赔偿数额有其困难,因为要证明侵权人的"侵权行为"与"获利"之间的因果关系,并不容易。

确定侵权人因侵权所获得的利益,应当限于侵权人因侵犯专利权行为所获得的利益;因其他权利所产生的利益,应当合理扣除。实践中很多国家通过技术分摊规则解决此类问题。所谓技术分摊,是指按照专利因素对产品利润的贡献比率来计算专利侵权损害赔偿数额。具体而言,就是在专利权人实施专利技术的产品的所失利润总额或侵权人的侵权产品获利总额中,扣除不是由专利因素贡献的利润。

在美国的专利侵权诉讼中,专利权人应首先证明被告所侵犯的专利技术是构成该产品市场需求、形成产品利润的核心之所在,此时技术分摊比例为100%,即适用全面市场价值规则,专利权人不仅对实施该专利的部件所应获的利益能够得到赔偿,其对整个产品,甚至对独立于专利实施物之外的、与专利实施物通常一同销售的非专利实施物的利润,也可主张赔偿。❶但是,当原告无法达到全面市场价值规则的证明标准时,法院将考虑涉案专利本身所带来的利润或特别贡献在多大程度上影响了产品整体价值,并进一步区分被控侵权产品的哪些价值是由侵权人自身的研发所增加的价值或是自身的改进所提升的利润。❷

在日本,日本修改特许法、提高专利侵权赔偿额、加大专利保护力度的一部分原因是美国的压力,因此,日本法院在司法实践中也采取了某种调节方式作为平衡,那就是在适用特许法第102条时通常会考虑专利的寄与率,并以此作为侵权赔偿额的判定因素。事实上,日本法院在实践中考虑寄与率问题由来已久(不只局限于判定专利侵权损害赔偿额的时候),只是可能用词上有不同。❸关于在什么案件中应当考虑专利贡献度,1999京都地方法院在热敏打印头案件中作了阐述。该案中,原告拥有一种热敏打印头专利,被告认为自己的产品只是一部分用到了原告的专利,请求在判定赔偿额时考虑专利对全部产品利润的贡献度问题。法院认为,一般情况下应该考虑专利对制品所获利润的寄与率或专利的利用率来决定赔偿额,但该案的发明并非热敏打印头的零件而是热敏打印头本身;除非有特殊情况,不会将专

---

❶张玲,张楠.专利侵权损害赔偿额计算中的技术分摊规则[J].天津法学,2013,29(1):15.

❷参见周琪《技术与市场综合分析法在专利侵权损害赔偿中的应用》,选自《专利法研究(2009)》.2010年第11页。

❸管育鹰.专利侵权损害赔偿额判定中专利贡献度问题探讨[J].人民司法,2010(23):86.

利部分从被告制造贩卖的物品中分离出来,被告的主张不符合专利技术与制品是一体的现实,因此不予支持;最终被告赔付额达2.3亿多。❶可以说,尽管在理论探讨方面,日本对寄与率的解释远不如美国对EMV原则的阐述,但在司法实践中,日本法院在判定侵权损失时更倾向于考虑专利的贡献度问题。显然,日本对专利的保护强度不如美国,但这种比较保守的做法在日本发展至今仍然保留,表明其更符合国家产业发展的需要。❷

我国相关法律并无明确规定,在相关司法解释中有所体现。《最高人民法院关于审理侵犯专利权纠纷案件应用法律若干问题的解释》(法释〔2009〕21号)第16条第2款、第3款进一步细化了计算违法所得的具体方法。具体内容为:"侵犯发明、实用新型专利权的产品系另一产品的零部件的,人民法院应当根据该零部件本身的价值及其在实现成品利润中的作用等因素合理确定赔偿数额。""侵犯外观设计专利权的产品为包装物的,人民法院应当按照包装物本身的价值及其在实现被包装产品利润中的作用等因素合理确定赔偿数额。"之所以如此规定,是因为一项产品可能并不仅由专利技术或者仅由一项专利技术构成,计算非法获利时应根据侵权专利的具体案情,综合全案情况合理确定。

一、"中国专利侵权赔偿第一案"引发的争议

被称为"中国专利侵权赔偿第一案"的正泰集团股份有限公司(以下简称"正泰集团")诉施耐德电气低压(天津)有限公司(以下简称"施耐德天津公司")、宁波保税区斯达电气设备有限公司乐清分公司(以下简称"斯达分公司")侵犯实用新型专利权纠纷案,因为一审法院为考虑利润分割问题,引

---

❶ "サーマルヘッド事件",京都地裁平成08(ワ)1597,特许权民事诉讼事件。转引自管育鹰. 专利侵权损害赔偿额判定中专利贡献度问题探讨[J]. 人民司法,2010(23)87.

❷ 管育鹰. 专利侵权损害赔偿额判定中专利贡献度问题探讨[J]. 人民司法,2010(23)87.

起有关媒体质疑。这起案件是我国民营企业作为原告向世界五百强之一的施耐德电气的合资企业发难,因此受到国内外相关产业界、法律界瞩目;更加令人关注的是,案件涉及的权利对象属于实用新型专利(俗称小发明),而原告请求赔偿的数额高达 3.3 亿多元,使该案成为迄今为止获得一审法院支持的赔偿额最高的知识产权侵权诉讼。

2006 年 8 月 2 日,正泰集团以侵犯专利权为由,将施耐德天津公司等诉至浙江省温州市中级人民法院。要求施耐德天津公司停止生产被控侵权产品,连带赔偿损失 50 万元。涉案专利是正泰集团于 1997 年 11 月 11 日向国家知识产权局申请并获得授权的名为"一种高分段小型断路器"的实用新型专利,专利号为 ZL97248479.5。被控侵权产品为施耐德天津公司生产的 C65 系列小型断路器。温州市中级人民法院根据正泰集团的申请,于 2007 年 1 月指定温州当地的会计师事务所对施耐德天津公司断路器产品的销售额和利润进行审计,该审计报告核定施耐德天津公司销售额合计 8.8 亿元,该报告没有确定施耐德天津公司的实际利润。正泰集团根据有关证据认为施耐德天津公司的利润率在 30% 以上,遂增加索赔数额至 3.3 亿多元。一审法院认为,施耐德公司未经涉案专利权人正泰集团的许可为生产经营目的制造、销售专利产品的行为,斯达分公司未经涉案专利权人正泰集团的许可为生产经营目的销售专利产品的行为,均已构成专利侵权,应承担相应的民事责任。施耐德天津公司不属于完全以侵权为业的侵权人,应按照侵权人的营业利润计算。原审法院在判决中采用施耐德天津公司提供的数据确定施耐德天津公司各时间段销售侵权产品的销售额,将施耐德天津公司销售全部产品的平均营业利润率与正泰集团提交的施耐德天津公司因侵权所获得的营业利润计算表中数据相比后,以相对较小的数据作为最后定案的营业利润率进行计算,得出施耐德天津公司于 2004 年 8 月 2 日至 2006 年 7 月 31 日期间销售侵权产品所获得的营业利润为 355 939 206.25 元。但鉴于正泰集团对施耐德天津公司提出的诉讼请求金额低于该金额,确定施耐德天津公司的赔偿金额为正泰集团请求的 334 869 872 元。施耐德天津公司不服一审判决,向浙江省高级人民法院提起上诉。浙江省高级人民法院组织双方和解,最终促成双方当事人就该案达成调解协议和双方之间的全球和解协议。施耐德天津公司在尊重涉案第 ZL97248479.5 号专利基础上,同意向正泰股份公司支付补偿金人民币 1.575 亿元,并主动全部履行了调解协议。

关于该案实用新型专利的侵权赔偿数额确定问题,有关媒体提出质疑❶。该案中一审法院依据施耐德天津公司的获利确定了 3.3 亿多元的赔偿额。审判学界普遍关心的是,被控侵权的专利是一项实用新型专利,在按照被告的获利确定赔偿数额时,获利数额是被告销售被控侵权产品的全部销售利润、营业利润还是因使用涉嫌侵权技术而实际带来的增值收益?以往专利案件赔偿数额普遍不高,这一问题并不突出,但如该案索赔数额如此巨大时,这一问题就难以遮掩了。正泰集团专利是针对已有产品进行改进的实用新型,其技术对产品利润率的贡献无法与开创性的发明专利相比。而且,相对于断路器的电气应用、安装及使用的安全保证等技术难题,解决断路器的开关快速闭合问题仅仅是断路器产品的一个实用性环节,并不能决定这一产品的全部客观价值,断路器产品质量是否符合消费者的要求及是否畅销于市场,与涉案的实用新型专利技术的关联性应否被法院客观的纳入考虑范畴,是留给大家深入探究和思索的问题。同时,该案被告施耐德天津公司生产的被控侵权产品是由施耐德中国公司统一管理和经营销售的,那么产品的利润势必体现在施耐德电气一贯的知识产权、产品质量、优质管理和品牌信誉等因素中,这些因素决定着产品的价格和利润,如果全然不顾,对于被控侵权方是否公平公正?

---

❶闫文峰. 专利侵权赔偿第一案追踪[N]. 中国知识产权报. 2007-12-5(7).

二、确定技术贡献率的方式

在具体案件中,确定技术贡献率的方法,大致可以分为以下几类:

(一)委托鉴定

在翁立克诉上海浦东伊维燃油喷射有限公司等职务发明设计人报酬案中[1],上海市科技咨询服务中心根据法院委托,就涉讼专利在相关喷油泵总成中的技术比重(即涉讼专利从技术角度分析在相关喷油泵总成中作用的量化)问题出具了沪科技咨询服务中心(2006)鉴字第027号《技术鉴定报告书》,该项鉴定将喷油泵总成整体技术分为引进技术、群体自主开发技术和自主开发取得知识产权的专利技术,鉴定结论为:含有"喷油泵挺柱体滚轮锁簧装置"一项专利的喷油泵总成整体技术中,引进技术的技术贡献率约占50%,在消化、吸收引进技术过程中群体自主开发技术的技术贡献率约占45%,ZL01238898.X实用新型专利的技术贡献率约占5%;含有"喷油泵挺柱体滚轮锁簧装置"和"矩形截面柱塞弹簧喷油泵"两项专利的喷油泵总成整体技术中,引进技术的技术贡献率约占40%,在消化、吸收引进技术过程中群体自主开发技术的技术贡献率约占50%,ZL01238898.X和ZL01238896.3两项实用新型专利的技术贡献率约占10%。就P7泵和PE泵总成技术在伊维公司与电装公司于2003年11月4日签订的《IP7、PE型柴油喷射泵技术转让协议》所涉全部转让/许可内容中的技术比重问题,上海市科技咨询服务中心出具了沪科技咨询服务中心(2006)鉴字第027—1号《补充鉴定报告书》,报告认为创造P7泵和PE泵价值的诸要素主要为技术(设计,工艺)、制造、管理三方面,总成技术则包括技术(设计、工艺)和制造两个方面,其中涉讼两项专利应归结为协议合同产品的设计技术范畴,在对协议附件Ⅲ"技术情报"

---

[1] 上海市第一中级人民法院(2005)沪一中民五(知)初字第220号民事判决书,上海市高级人民法院(2008)沪高民三(知)终字第23号民事判决书。

内容进行具体分析的基础上,补充鉴定结论为:P7泵和PE泵总成技术在协议所涉全部转让内容中的技术比重为70%左右;管理体系在协议所涉全部转让内容中的比重为30%左右。上海市第一中级人民法院认为,该案所涉鉴定牵涉到相关专业人员对作为其中某个部件的专利在产品中技术贡献率的综合评价问题,鉴定结论是专家在充分听取原、被告的意见,全面查阅了双方提供的与鉴定判断相关的材料,并结合自己对该行业内喷油泵产品引进、吸收、消化以及再创新过程的了解所作出的,其确定之比例具有合理性,可以作为该案认定有关事实的依据。二审时,上海市高级人民法院认为,一审判决根据该案的具体情况,适当调整专利使用费分成比例,并酌情确定鉴定费分配比例,并未滥用自由裁量权,维持原判。

(二)法院酌定

在福建省金鹿日化股份有限公司(以下简称"金鹿公司")与晋江金童蚊香制品有限公司(以下简称"金童公司")专利侵权纠纷案中,❶杭州市中级人民法院认为,根据《中华人民共和国专利法》第60条规定:"侵犯专利权的赔偿数额,按照权利人因被侵权所受到的损失或者侵权人因侵权所获得的利益确定;被侵权人的损失或侵权人所获得的利益难以确定的,参照该专利许可使用费的合理倍数合理确定。"最高人民法院《关于审理专利纠纷案件适用法律问题的若干规定》第21条规定"被侵权人的损失或者侵权人获得的利益难以确定……没有专利许可使用费可以参照或专利许可使用费明显不合理的,人民法院可以根据专利权的类别、侵权人侵权的性质和情节等因素,一般在人民币5000元以上30万元以下确定赔偿数额,最多不得超过人民币50万元。"该案中,金童公司并没有向法院提供有效证据证明其在被侵权期间因侵权所受到的具体损失,法院将以侵权人在侵权期间因侵权所获得的

---

❶杭州市中级人民法院(2002)杭经初字第602号民事判决书,浙江省高级人民法院(2005)浙民三终字第150号民事判决书。

具体利益来确定赔偿数额。金鹿公司共生产了被控产品1500万只,以其向外销售的价格每件(1×60)88.50元/件计算,可得出金鹿公司出售的被控产品每盒单价为1.475元。因金鹿公司并未提供被控产品的利润情况,按照通常商品利润为10%~20%计算,金鹿公司生产销售的1500万只蚊香及蚊香盒可获得利润为人民币2 212 500~4 425 000元;同时法院注意到如下事实:(1)被控产品中的利润包括了被控产品蚊香盒及蚊香两部分,应排除蚊香盒中所包含的蚊香利润比例;(2)金鹿公司仅2001年就生产销售了1500万只被控侵权产品;(3)被控侵权产品先后销往浙江、云南、福建;(4)涉案专利不仅起到包装作用,而且具有功能作用。为此,法院酌情确定金鹿公司所生产、销售的被控侵权产品所获得的利润为220万元。宣判后,金鹿公司不服,向浙江省高级人民法院提出上诉。浙江省高级人民法院认为,关于金鹿公司生产销售被控侵权产品所获利润问题:该案中双方当事人对原判认定金鹿公司生产、销售用被控侵权产品所包装的蚊香1500万只并无异议,双方就金鹿公司所获利润的主要争议在于单件蚊香销售的合理利润以及蚊香盒利润在蚊香销售利润中应占的合理比例。法院认为,由于金鹿公司及金童公司在一、二审中均未提供充分证据证实每盒蚊香的合理利润,原审法院根据最高人民法院的有关解释,确定商品通常利润为10%~20%,并无明显不当。同时,原审法院考虑到,蚊香利润中包含了被控侵权产品蚊香盒及蚊香两部分利润的比例和金鹿公司2001年即生产销售了1500万只被控侵权产品等因素,确定金鹿公司生产、销售被控侵权产品所获利润为220万元,也无明显不当。浙江省高级人民法院驳回上诉,维持原判。

关于该案,有学者认为,"显然,法院考虑了技术分摊规则,但没有要求当事人举证,而是自行裁量;而且裁量的结果不是一个可以量化的数字,而是仅仅'考虑'了这一因素而已。在上诉中,双方就金鹿公司单件蚊香销售的合理利润以及蚊香盒利润在蚊香销售利润中应占的合理比例存有争议,就不足为怪了。""我国专利制度实行时间较短,虽然最高人民法院的解释与全部市场价值规则一致,但也有可能在做出解释时尚未认清技术分摊难题,因此不能据此认为最高人民法院希望我国的专利赔偿水平保持在全部市场价值规则的较高水平上。如此看来,我国地方法院在实践中积极探索技术分摊问题,还是值得称道的事情。"并就此建议:"第一,在所失利润赔偿上,法院要引入市场分析法来确定原告的经济损失;第二,如果把技术分摊规则的适用作为限制专利赔偿救济的政策手段,则应当规范其适用,比如规定由当事人提出技术分摊的请求并承担相应的举证责任,而不是由法院自行决定是否实行技术分摊、分摊比例有多大等。"❶

❶和育东.专利侵权赔偿中的技术分摊难题——从美国废除专利侵权"非法获利"赔偿说起[J].法律科学(西北政法大学学报),2009,27(3):167.

第三章　以许可使用费的倍数确定赔偿数额

如前所述,权利人的实际损失和侵权人的非法获利,是确定知识产权侵权赔偿数额的两种基本方式。但在实践中,可能会出现上述两种方式都无法适用的情形。例如,权利人并未实际使用其知识产权,而侵权人并未出售其侵权产品;或者由于侵权人销售记录不完整,侵权产品数量无法查清。在此情况下,可以参照许可使用费确定赔偿数额。

第一节　侵犯专利权案件中许可使用费的适用

一、美国专利法中的合理许可费赔偿制度

美国对于专利侵权损害赔偿的法律适用,主要体现在其专利法第284条:"法院应判给原告足以补偿所受侵害的赔偿金,其不得少于合理的许可费。"在美国,合理许可费方法(reasonable royalty)是专利侵权诉讼中计算损害赔偿的最主要方式。在美国的地方法院中,从1990—2004年,超过60%的专利侵权损害赔偿是基于合理使用费方法计算得出的,另外,15.1%的专利损害赔偿计算同时使用合理使用费方法和所失利润方法;而从2002—2009年,约有80%的专利侵权损害赔偿案件使用了合理使用费方法,相比1990—

2004 年的 75% 有所上升。由于专利权人和侵权人之间不存在实际的专利许可关系,合理使用费方法的思想来源于假想有意愿的专利权人(许可人)和有意愿的侵权人(被许可人)经过协商之后得出合理的专利许可费,因此也称为假想谈判法(hypothetical negotiation)。实质上,合理许可费方法体现的是专利权人(许可人)和侵权人(被许可人)对通过销售侵权产品而产生的利益或预期利益的分配。❶

从世界范围看,比较有代表性的当属 1970 年美国法院在"乔治亚 – 太平洋案"中所确立的"乔治亚 – 太平洋要素",其中包含了 15 项参考因素。这些要素又可分为三个方面:一是虚拟缔约谈判时的客观市场条件,二是以权利人视角关注的市场条件,三是以侵权人视角关注的市场条件。

从虚拟缔约谈判时的客观市场条件来看,包含三项因素:一是是否存在已经授权的许可费,即权利人在裁判时点之前就涉案专利是否与他人缔结了许可使用合同,如果有,则该合同约定的许可费即可作为"确定许可费"予以参考;二是与涉案专利功能相似的其他专利技术的许可费,即在没有确定许可费的情况下,如果存在与涉案专利功能相似的其他专利技术,则考察该专利技术是否存在许可使用契约,如若存在,则该契约约定的许可费也可以作为参考因素;三是专家意见,主要是有资质的专家对专利进行的价值评估。

从权利人视角关注的市场条件来看,包含四项因素:一是专利许可使用合同的性质(譬如是独占许可还是非独占许可,授权专利许可使用的地域范围或者销售对象等);二是专利权人特殊的商业策略(譬如专利权人是否有意自己独占性使用专利,或者曾公开表示就该专利授权设定特殊的条件);三是专利权人与侵权人之前是否存在特定商业关系,主要是指二者是否存在市场竞争关系或者合作关系(譬如一是技术开发者,一是技术推广者);四

---

❶ 阮开欣. 解读美国专利侵权损害赔偿计算中的合理许可费方法[J]. 中国发明与专利. 2012(7)64。

是专利产品销售的附加效应,即因专利产品的市场销售是否会附加提升专利权人其他产品的销售额或销售量(主要表现为品牌效应的形成)。上述四项因素乃是考虑可能会影响专利权人在虚拟缔约谈判时影响许可费数额增减的市场因素。

从侵权人视角关注的市场条件来看,包含七项因素:一是专利有效期的残存时间;二是在市场上存在专利产品时,该专利产品的市场占有率等情况,即该专利的商业获利能力大小;三是专利创造性的程度,主要是考察专利可替代性的大小;四是专利的性质,是发明专利还是实用新型专利,是开创型发明还是改良型发明;五是侵权人实施专利发明的程度,即侵权人使用专利而获取的利益,这实际上是将侵权人获利赔偿的因素在合理许可费赔偿中予以考量;六是商业习惯上该发明或同种发明在产品销售中的一般利润率;七是当涉案专利仅是侵权产品的技术构成中的一部分时,涉案专利部分在全体专利技术中所占据的利益贡献比例。以上因素是一般情况下,侵权人在虚拟缔约谈判时对许可费数额主张增减的依据。

前述14项合理许可费赔偿的考量因素之实质是专利交易谈判中影响缔约双方就专利市场获利机会大小判断的典型因素的类型化,是司法实践中经验归纳的产物,并非严格的必要条件。类型化的目的在于给予法官更加明确的指导,若有未尽之事宜,当事人仍可以主张,法官也应予以审查并考量。所以,"乔治亚－太平洋要素"中还包括一项兜底性因素,即"假想当事人之间合法契约缔结的许可费"。❶

二、我国专利法中的合理许可费赔偿制度

《专利法》第65条规定,可以参照该专利许可使用费的倍数合理确定。2015年《最高人民法院关于审理专利纠纷案件适用法律问题的若干规定》对

---

❶徐小奔.论专利侵权合理许可费赔偿条款的适用[J].法商研究.2016(5)191。

许可使用费的法律适用进一步明确,该司法解释第21条规定:"权利人的损失或者侵权人获得的利益难以确定,有专利许可使用费可以参照的,人民法院可以根据专利权的类型、侵权行为的性质和情节、专利许可的性质、范围、时间等因素,参照该专利许可使用费的倍数合理确定赔偿数额;没有专利许可使用费可以参照或者专利许可使用费明显不合理的,人民法院可以根据专利权的类型、侵权行为的性质和情节等因素,依照专利法第六十五条第二款的规定确定赔偿数额。"

在好孩子儿童用品有限公司(以下简称"好孩子公司")诉中山宝宝好日用制品有限公司(以下简称"宝宝好公司")一案中,好孩子集团公司为"婴儿推车的车轮毂"外观设计专利的专利权人。被诉侵权产品具备了涉讼外观设计专利产品的全部形状要素和图案要素,足以使消费者产生混淆和误认,应认定被诉侵权产品与涉讼外观设计专利属于相同外观设计。因此,宝宝好公司构成专利侵权。2006年4月18日,好孩子公司与昆山小小恐龙儿童用品有限公司(以下简称"小小恐龙公司")签订专利实施许可合同,约定好孩子公司以普通许可方式许可小小恐龙公司实施00344849.5号"婴儿推车的车轮毂"外观设计专利,有效期限为2006年4月18日至2008年4月17日,许可使用费为每年50万元。2006年5月16日,小小恐龙公司向好孩子公司支付当年许可使用费50万元。2006年6月2日,好孩子公司向昆山市地方税务局缴纳营业税等税费5.1万元。2006年6月30日,该许可合同在国家知识产权局备案。好孩子公司主张以专利许可使用费作为赔偿依据。一审法院认为,好孩子公司提交的专利实施许可合同在国家知识产权局备案并已实际履行,且该合同、专利实施许可使用费银行进账单、发票和纳税凭证相互印证,形成一个完整的证据链,其真实性应予确认,因此,对上述证据证明力予以采信,该合同约定的许可费可以作为确定宝宝好公司赔偿数额的依据。

三、侵犯商标权案件中许可使用费的适用

我国《商标法》规定，"权利人的损失或者侵权人的获利难以确定的，参照该商标许可使用费的倍数合理确定。"但是，相关司法解释并未就此问题进一步细化。司法实践中，侵犯商标权案件中，参照许可使用费计算损害赔偿额的案例较少。

在上海香思食品有限公司诉上海矮胖子投资管理有限公司、宁波海曙矮胖子企业管理咨询有限公司侵害商标权、不正当竞争纠纷一案中❶，2012年8月6日，日本浪漫座公司（商标使用许可人，甲方）与案外人上海洋风企业管理有限公司（商标使用被许可人，乙方，以下简称"洋风公司"）、案外人徹思叔叔国际有限公司（保证人，丙方，以下简称"徹思叔叔国际公司"）签订商标使用许可合同，合同约定甲方将注册中及注册成功后的商标，"许可乙方在中国（除港澳地区），由丙方授权乙方代理生产经营、销售服务'徹思叔叔'系列产品的'徹思叔叔'专卖店内使用"，许可期限自2012年8月6日至2022年8月5日。原告先后在上海久光百货、美罗城、梅龙镇广场、月星环球港等开设11家直营店，在北京开设2家直营店，并在重庆、江苏、浙江、陕西、湖北、湖南、河南、河北、福建、新疆、甘肃、云南、黑龙江、四川等省、市授权"徹思叔叔"蛋糕加盟店250家，加盟权利金为每家店20万元／年，设计费、装修、物料等费用另行计算。原告从商标权人——日本浪漫座公司获得在中国大陆地区独占使用系争商标并进行商业维权的授权，有权作为系争商标的利害关系人对他人的商标侵权行为提起该案诉讼。系争商标经过商标权人及包括原告在内的商标被许可人的经营，经过多家媒体的报道，在相关公众中已经取得了较高的知名度。两被告在相同或近似的商品上使用与系争注册商

---

❶上海市浦东新区人民法院（2014）浦民三（知）初字第531号民事判决书，上海市第一中级人民法院（2015）沪一中民五（知）终字第33号民事判决书。

标相似的标识,容易使相关公众产生混淆和误认,构成对系争注册商标专用权的侵犯。两被告没有证据证明其店铺曾经被相关媒体报道,却在店铺招牌中使用"康熙来了""日本东京电视台'世界人气'上海站代表"的宣传语,意在使公众误以为两被告或其加盟店提供的产品或服务就是被上述媒体报道过的原告的产品或服务,从而达到攀附原告产品声誉、利用原告经媒体宣传而产生的竞争优势的目的,构成虚假宣传不正当竞争。除上述商标侵权及虚假宣传不正当竞争行为外,被告还指导加盟店采用与原告近似的招牌及产品包装,更易使相关公众产生混淆或误认。

一审法院认定,关于赔偿数额,《中华人民共和国商标法》第63条规定,侵犯商标专用权的赔偿数额,按照权利人因被侵权所受到的实际损失确定;实际损失难以确定的,可以按照侵权人因侵权所获得的利益确定;权利人的损失或者侵权人获得的利益难以确定的,参照该商标许可使用费的倍数合理确定。对恶意侵犯商标专用权,情节严重的,可以在按照上述方法确定数额的一倍以上三倍以下确定赔偿数额。赔偿数额应当包括权利人为制止侵权行为所支付的合理开支。人民法院为确定赔偿数额,在权利人已经尽力举证,而与侵权行为相关的账簿、资料主要由侵权人掌握的情况下,可以责令侵权人提供与侵权行为相关的账簿、资料;侵权人不提供或者提供虚假的账簿、资料的,人民法院可以参考权利人的主张和提供的证据判定赔偿数额。权利人因被侵权所受到的实际损失、侵权人因侵权所获得的利益、注册商标许可使用费难以确定的,由人民法院根据侵权行为的情节判决给予300万元以下的赔偿。

该案中,权利人的损失或者侵权人获得的利益均难以确定,根据上述规定,可以参照该商标许可使用费的倍数合理确定。前文已述,两被告侵权恶意明显,原告授权他人加盟的权利金为每家店20万元/年,经原告公证保全或受到行政处罚的确定使用了系争标识的被告加盟店共有18家,即使按照原告商标许可使用费的一倍计算,也已经远远超过原告100万元的诉请。此外,法院在审理中要求被告提供财务账册,被告以自己没有收取加盟费因而没有相关账册为由拒绝提供,参考原告的主张和提供的证据,并酌情考虑前述被告侵权情节及恶意、被告网站及微信所宣传的加盟费数额、消费者排队购买被告加盟店产品的事实、原告授权加盟的权利金、原告主张权利的商标的知名度等情节,亦可酌定上述赔偿数额。该案经二审,上海市第一中级人民法院维持一审判决。

第二节　侵犯著作权案件中许可使用费的适用

一、德国著作权侵权中的合理许可费赔偿制度

合理许可费是德国目前最简易、常见的计算著作权侵权赔偿额的方式。它指在著作权侵权发生时,理性双方当事人依据可预见的未来市场商业利益的获得所能达成协议的许可金额。用此种方式计算损害赔偿额无须考虑侵权人与著作权人实际上缔约的可能性,也无须考虑侵权人是否实际上能获得利益,且由于合理许可费制度属于假设性质,实际上并未存在或建立许可关系。因此,不影响侵权人的侵权责任。侵权人以后如需继续利用权利人的作品,仍须得到著作权人的同意。❶

法官在运用合理许可费赔偿制度酌定赔偿额时主要经过三个阶段考虑:(1)权利人曾与其他人签订著作权许可合同,法院可以以此合同确定的许可费作为赔偿额认定基准;(2)权利人未曾有过著作权许可,法院则以著作权许可交易市场中广为接受的惯常许可费作为酌定依据;(3)权利人未曾有过著作权许可,亦不存在惯常的许可费时,则假设侵权人和权利人通过假设谈

---

❶范长军.德国著作权法[M].北京:知识产权出版社,2013:34。

判确定合理许可费,再全面考虑个案相关的所有因素,由法官运用自由心证确定赔偿额。在此种情况下,法官考虑的因素主要包括两个方面:(1)和侵权行为相关的因素,包括侵权时间、方式、范围以及侵权的频率、侵权的是作品的整体还是部分、侵权作品和权利人作品的相似度、权利人作品的市场价值;(2)和侵权人相关的因素,包括侵权人所得利益、侵权人因侵权而降低的商业风险、侵权人因侵权节省的成本等。❶

二、我国著作权侵权中的合理许可费赔偿制度

虽然在我国著作权法中没有明文规定,但多地法律文件中有所涉及。《北京市高级人民法院关于确定著作权侵权损害赔偿责任的指导意见》第25条规定:依据本规定第7条第1款第(二)项所述方法确定原告损失的,可以参考以下因素,在国家有关稿酬规定的2至5倍内确定赔偿数额:作品的知名度及侵权期间的市场影响力;作者的知名度;被告的过错程度;作品创作难度及投入的创作成本。文字作品字数不足千字的以千字计算。原告如证明类似情况下收取的合理稿酬标准,应予考虑。第26条规定,在网络上传播文字、美术、摄影等作品的,可以参照国家有关稿酬规定确定赔偿数额。

除了包含在实际损失的计算依据中,该方法也有其他不同的确立方式,《重庆市高级人民法院关于确定知识产权侵权损害赔偿数额若干问题的指导意见》(渝高法〔2007〕89号)第4条第3项规定,可得利益损失通常可以依据以下方法计算:著作权侵权案件中,侵权人以报刊、图书出版或类似方式侵权的,可参照第15条规定,本意见第1条第4项所称"许可使用费"是指权利人在纠纷发生前就涉案专利、商标、作品许可他人使用时已实际收取或依据合同可以收取的费用。权利人应该就许可使用合同的真实性和实施情况

---

❶李军,朱雪忠.我国著作权侵权赔偿中的合理许可费制度研究——以《德国著作权法》为参照[J].出版科学,2017,25(4):83.

进行举证。对经审查发现许可使用合同不真实或许可使用费明显不合理的,不能以此作为计算依据。第16条规定,人民法院在确定许可使用费的倍数时,应该考虑侵权人的侵权使用是否与许可使用的情况相似,包括许可使用的方式、时间、范围以及侵权情节等因素。侵权人的侵权使用幅度小于许可使用幅度的,可以确定较低的倍数;对于以假冒为业或多次侵权等情节严重的行为可以适用较高倍数。许可使用费的倍数一般在1~3倍以内考虑。

在"国家版权局办公室对《关于如何确定摄影等美术作品侵权赔偿额的请示》答复的函"(1994年12月2日权办字〔1994〕64号)的函件中,国家版权局答复如下:在确定侵犯著作权,包括摄影和美术作品著作权在内的赔偿数额时,通常可考虑以下几点:(1)司法机关已有明确规定的,可参照司法机关的规定执行。(2)以侵权行为给著作权人造成的实际损失或侵权人的全部非法所得作为赔偿依据。这里的实际损失应包括著作权人因调查、制止侵权行为而支出的合理费用。(3)按著作权人合理预期收入的2~5倍计算。如图书可按国家颁布的稿酬标准的2~5倍计算赔偿额。侵权赔偿额的确定是一个比较复杂的问题,各地版权局应认真分析侵权案件的具体情况,慎重处理。同时注意不断总结经验,完善工作。

另外,在《国家著作权局著作权管理司关于〈快乐大本营〉一案给××市××区人民法院的答复(权司〔1999〕73号)》一文中也有提及,"计算赔偿额时,仍应适用我国民法的一般赔偿原则,即按照被侵权人的实际损失赔偿。在被侵权人的实际损失无法计算的情况下,其实际损失应推定为正常情况下权利人许可他人利用其作品应得的报酬。对于侵权之诉,由于被侵权人的权利受到侵害,使其丧失本应得到的正常报酬,因此,在计算赔偿额时,除考虑其正常情况下许可他人利用其作品应得的报酬外,还应考虑案件的侵权性质,赔偿额的确定应适当高于违约之诉的赔偿,否则侵权和不侵权在后果上没有区别。"

三、我国著作权侵权中的合理许可费赔偿的司法实践

(一)数字图书经营者侵权赔偿

张炜诉书生公司侵害著作权纠纷案中❶,北京知识产权法院援引三份在先生效案例,认为网络著作权侵权案件赔偿数额参照《使用文字作品支付报酬办法》规定的稿酬计算标准,结合侵权人主观恶意、作者知名度等因素确定。法院终审判决认定,书生公司按每千字300元标准赔偿,全额支持了张炜主张的9万元赔偿数额,驳回书生公司上诉请求。

该案中,张炜系山东省作家协会第六届委员会主席团主席。1994年,为表彰他"为发展我国文化艺术事业做出的突出贡献",国务院为其发放政府特殊津贴并颁发证书。张炜所作《你在高原》获2011年第八届茅盾文学奖(2007—2010)、《当代》长篇小说年度论坛2010年度五佳奖、2010年度"中国作家出版集团奖"。张炜一审诉称,其是图书《冬天的阅读》的作者,对该书享有著作权。2015年3月,书生公司未经许可将涉案图书数字化后上传至其经营的"书生之家数字图书馆"系统,销售给蕉城区图书馆,供广大读者在线阅览。该行为侵犯其享有的信息网络传播权,并给他造成了经济损失。请求法院判令书生公司立即停止侵权,赔偿经济损失及合理支出共计9万余元。书生公司辩称,该公司已经在其系统中删除了《冬天的阅读》,只是蕉城区图书馆违反约定没有将作品限制在局域网内,致使能在外网上查看,扩大了使用范围,扩大部分的损害不应由书生公司承担;数字图书附随软件销售,《冬天的阅读》收益为零,张炜主张的赔偿数额和合理费用过高,请求法院驳回张炜诉讼请求。一审法院审理后,判决书生公司立即停止侵权,判决赔偿张炜经济损失及合理开支共计1万元。张炜与书生公司均不服一审判

---

❶北京市朝阳区人民法院(2015)朝民(知)初字第48569号民事判决书,北京知识产权法院(2016)京73民终302号民事判决书。

决,上诉至北京知识产权法院。

北京知识产权法院认为:就权利人的实际损失问题,著作权受到侵害而遭受的损失属于可得利益的损失,与物权受到侵害不同,并不存在权利载体遭受损害的情形。因此,在主张实际损失方面具有难以举证的特点。据此,张炜在主张实际损失方面确有难度,同时书生公司的违法所得在案亦无证据支持,故法院将依据《著作权法》第49条第2款的规定,综合考虑作者的知名度、作品的独创性、被告过错、作品市场价值、行业特点等因素,结合张炜的诉讼请求,并参照文字作品付酬标准确定赔偿数额。

一是作者的知名度和作品的独创性。张炜系山东省作家协会第六届委员会主席团主席,多次获得各类荣誉称号,尤其是2011年成为茅盾文学奖获得者,具有较高的知名度。涉案作品系原创散文集,文字优美流畅,虽然为张炜获得茅盾文学奖之前的作品,但创作具有一定的延续性和稳定性,作者获得中国具有最高荣誉的文学奖项之一,亦是对其作品的认可。

二是被告的过错程度。书生公司作为专业的数字图书馆公司,以数字化形式提供作品是其经营的主要方式,应当对作品负有较高的著作权审核义务。在向案外人蕉城区图书馆提供涉案作品时,应当注意到涉案作品是否获得了信息网络传播权,但其未进行审查即向案外人蕉城区图书馆提供作品,主观过错明显。除该案之外,还有其他涉及侵权的案件,故该案侵权行为并非出于偶然,其主观上具有恶意。

三是作品的市场价值。文学作品的价值除了思想和精神价值之外,还应当包含市场价值。市场价值受到作者、作品、时间和地域等多种因素的限制,但按照一般逻辑,张炜系茅盾文学奖的获得者,作者及其作品市场评价较高,不可否认其作品具有较高的市场价值,无论这种市场价值是现实的还是潜在的。

此外,法院认为数字图书馆的行业特点也应予以充分考虑。北京市海淀区人民法院早在(2002)海民初字第 5702 号陈兴良诉中国数字图书馆有限责任公司(简称"数图公司")著作权纠纷案判决书(该案系最高人民法院公报案例)中就明确,数图公司未经许可将此作品列入中国数字图书馆中,对陈兴良在网络空间行使权利产生了影响……数图公司的行为阻碍了陈兴良以其所认可的方式使社会公众接触其作品,侵犯了其信息网络传播权。在北京市第一中级人民法院做出的(2005)一中民终字第 3463 号上诉人北京书生技术有限公司(简称"书生技术公司")与被上诉人郑成思著作权纠纷案判决书中,法院认为,书生技术公司未经郑成思许可,将郑成思享有著作权的涉案图书上载于书生之家网站上供公众浏览,侵犯了郑成思对上述作品享有的信息网络传播权。但直至今天,书生公司仍然从事侵权行为,数字图书馆行业"边侵权边授权"的行为仍然存在。低标准的赔偿数额无异于对侵权行为的纵容,将导致侵权行为者因侵权成本低而放弃获得合法授权的经营模式,进而影响整个数字图书馆行业诚信体系的建立和健全。

张炜在上诉中主张的作者及其作品的知名度、作品的独创性程度等因素,具有事实和法律依据。一审法院虽然考虑了上述因素,但未充分考虑作品市场价值和行业特点,所确定的赔偿数额折合成基本稿酬标准仅相当于每千字 30 元左右,低于现有基本稿酬的最低标准,明显偏低,不仅不能弥补权利人的损失,也不能准确反映作品市场价值,亦不能有效制止侵权,更不能引导数字图书馆行业的健康发展,故法院将依法予以调整。

参照 2014 年 11 月 1 日起施行的《使用文字作品支付报酬办法》(国家版权局、国家发展改革委员会令第 11 号,以下简称《付酬办法》)第 14 条的规定:"以纸介质出版方式之外的其他方式使用文字作品,除合同另有约定外,使用者应当参照本办法规定的付酬标准和付酬方式付酬。在数字或者网络环境下使用文字作品,除合同另有约定外,使用者可以参照本办法规定的付酬标准和付酬方式付酬。"而按照《付酬办法》第 5 条的规定,该案在赔偿数额上可参照原创作品基本稿酬标准和计算方法,即每千字80~300元执行。法院认为,《付酬办法》是对正常情况下使用文字作品如何支付报酬的规定,对使用者而言,稿酬具有作品使用费的性质;对作者而言,则具有许可费的性质。依据填平原则,基本稿酬标准是对作品受到侵害之最低保障。故基本稿酬标准可以作为网络著作权侵权案件确定赔偿数额时参照适用的依据。

基于上述因素,由于张炜仅按照每千字300元的基本稿酬主张赔偿数额,故法院予以全额支持。合理支出部分,张炜提交的证据显示包括涉案作品在内9部作品一共支付公证费10 580元,其主张600元,亦具有合理的事实依据和法律依据,法院一并予以支持。

(二)卡拉OK经营者侵权赔偿

中国音乐著作权协会诉哈尔滨市金色时代娱乐有限公司(以下简称"金色时代公司")侵害著作权纠纷案中,❶中国音乐著作权协会是经国家版权局批准成立依法代表音乐著作权人行使权利的著作权集体管理组织。金色时代公司未经许可,在其经营场所内使用卡拉OK点歌播放系统,营业性播放中国音乐著作权协会管理的音乐作品达几万首,中国音乐著作权协会所属会员的音乐作品均被侵权。金色时代公司明知应当给付音乐作品许可使用费而拒不给付,长期故意侵权,后果严重,获利巨大。金色时代公司应当立即停止侵权,并按照应当支付的版权使用费,即包房数×8.3元/天/包房×365天/年×2年,赔偿中国音乐著作权协会的损失及为制止侵权支付的合理开支。请求:(1)被告停止侵害原告管理的音乐作品著作权的行为;(2)被告赔偿原告经济损失363 540元;(3)被告赔偿原告为制止侵权的合理支出共计5555元;(4)被告负担诉讼费用。被告未答辩。哈尔滨市中级人民法院经审

---

❶黑龙江省哈尔滨市中级人民法院(2011)哈民知初字第7号。

理认为,《中华人民共和国著作权法》第49条规定:"侵犯著作权或者与著作权有关的权利的,侵权人应当按照权利人的实际损失给予赔偿;实际损失难以计算的,可以按照侵权人的违法所得给予赔偿。赔偿数额还应当包括权利人为制止侵权行为所支付的合理开支。权利人的实际损失或者侵权人的违法所得不能确定的,由人民法院根据侵权行为的情节,判决给予五十万元以下的赔偿。"《中国音像著作权集体管理协会关于2008年卡拉OK版权使用费收费标准的公告(2008年第1号)》、中国音像著作权集体管理协会致黑龙江省版权局和黑龙江省文化厅的《关于请求支持版权收费工作的函》《黑龙江省版权局关于加强卡拉OK经营场所版权保护工作的通知》《黑龙江省文化厅关于深入开展娱乐场所阳光工程建设的通知》《中国音像著作权集体管理协会关于2009年卡拉OK著作权使用费收取标准的公告》等证据证明,黑龙江省的卡拉OK企业至迟应当自2008年起支付音乐作品许可使用费。《中国音像著作权集体管理协会关于2009年卡拉OK著作权使用费收取标准的公告(2009年第1号)》确定:黑龙江地区卡拉OK著作权使用费收取标准为8.3元/天/终端。《黑龙江省文化市场经营者协会价格方案》确定:目前,黑龙江省文化市场经营者协会的会员只缴纳2009年全年版权使用费,并且缴纳天数从365天/年调整到300天/年;中国音像著作权集体管理协会2009年第1号公告,黑龙江地区缴纳版权使用费的价格为8.3元/天/终端,黑龙江省文化市场经营者协会会员调整价为6元/天/终端。上述黑龙江地区著作权使用费的价格均低于2006年第1号《中华人民共和国国家版权局公告》规定的12元/包房/天。该案没有证据表明金色时代公司是黑龙江省文化市场经营者协会的会员,并且金色时代公司是侵权使用中国音乐著作权协会管理的音乐作品,没有缴纳许可使用费,故不应以调整价6元/天/终端和300天/年作为确定赔偿数额的标准。中国音乐著作权协会请求按照8.3元/天/终端和365天/年计算赔偿数额,符合自愿处分权利原则,可予准许。按照金色时代公司的包房数和2009、2010年两个年度计算,金色时代公司应支付许可使用费363 540元。考虑到金色时代公司以侵权使用中国音乐著作权协会管理的音乐作品为业、侵权使用音乐作品众多、侵权行为性质和后果严重、故意侵权主观过错大等具体情节,应判定金色时代公司承担较高的赔偿责任。中国音乐著作权协会请求金色时代公司赔偿经济损失363 540元,符合法律规定,应予支持。依照《最高人民法院关于审理著作权民事纠纷案件适用法律若干问题的解释》第26条第1款关于"制止侵权行为所支付的合理开支,包括权利人或者委托代理人对侵权行为进行调查、取证的合理费用"的规定,金色时代公司还应赔偿中国音乐著作权协会调查、取证等为制止侵权行为所支付的合理开支。中国音乐著作权协会为该案调查、取证支付公证费4000元,支付消费1555元,属于为制止侵权行为所支付的合理开支,金色时代公司应予赔偿。一审宣判后,双方当事人均未上诉。

卡拉OK经营者侵权使用权利人音乐作品纠纷在全国范围内具有普遍性、典型性。此前,在已审理判决的一些起诉卡拉OK经营者侵权使用音乐作品的诉讼案件中,存在着适用法定赔偿判定赔偿数额多而赔偿标准又不统一的问题。本判决首次提出了此类案件侵权赔偿数额计算公式,即:使用费数额/天/终端×天数/年×终端(包房)数,或者表述为:每天每包房使用费×每年365天×包房数,为具体量化判定卡拉OK经营者的侵权赔偿数额,统一此类案件的赔偿标准具有参考意义。

第三节　以合理许可费倍数确定损害赔偿数额的条件

司法实务中,原告因侵权所受损失与被告侵权获利的证据取证难度较大、举证成本较高,适用法定赔偿判赔数额总体不高。因此,部分权利人通过与他人签订实施许可合同的形式,主张以合同约定的专利许可使用费倍数作为赔偿依据。但是,并非当事人只需提供一份专利实施许可合同,法官就可以参照合同中约定的专利许可使用费倍数确定赔偿数额。根据法律规定,参照专利许可使用费的合理倍数确定专利侵权损害赔偿数额时,在适用上具有一定的前提条件。

对于以许可使用费确定赔偿额方法在具体适用时,法官应当审查哪些问题,考量哪些因素,法律以及司法解释都没有明确规定。司法实践中,法院通过探索总结出了一些规则。例如最高人民法院在《关于审理专利纠纷案件适用法律问题的若干规定》条文释义中指出,在实践中适用使用费为标准计算赔偿额,要注意使用费的给付方式、数额等要与侵权的范围、时间等情形相适应,双方许可使用费的约定要合法有效。经审查发现明显不合理的使用费的约定,不能作为计算赔偿额赔偿的标准。也要注意防止有的当事人采用倒签合同等办法骗取高额赔偿。

江苏省高级人民法院在其发布的《侵犯专利权纠纷案件审理指南2010》中指出,确定专利许可使用费的专利实施许可合同应当是实际已经履行的,许可使用费也应当是实际已经支付的。在认定许可使用费的真实性、合法性时,应当注意审查专利实施许可合同及其备案证明、使用费发票、纳税凭证等证据。对于权利人将专利许可给自己或者亲属设立的公司而收取高额使用费的情况,应当严格审查。

广东省高级人民法院在关于《广东法院"探索完善司法证据制度破解知识产权侵权损害赔偿难"试点工作座谈会纪要》的起草说明中指出,在参照许可使用费计算赔偿数额时,应该认真审核相关许可使用合同的真实合法性及其实际履行情况,即审查相关合同何时签订,许可费用是否合理,实际履行的发票、转账记录等,不能仅以许可使用合同签订双方并无争议为由认定许可使用费,防止原告为了获得高额赔偿而提供虚假的许可使用合同。在确认相关许可使用合同是真实可信的基础上,可以结合具体案情与许可使用费的可比性,充分考虑正常许可与侵权实施在实施方式、时间和规模等方面的区别,并体现侵权赔偿金适当高于正常许可使用费的精神,做出合理的判赔决定。

本书认为,法院参照合理许可费条件计算赔偿数额时,需要参考以下条件。

一、许可合同是否登记备案

根据《中华人民共和国专利法实施细则》第15条第2款的规定,专利权人与他人订立的专利实施许可合同,应当自合同生效之日起3个月内向国务院专利行政部门备案。对此,原告应提供国家知识产权局的备案证明。

关于经过备案的合同效力问题,知识产权局曾有相关规定。2001年12月17日公布的《专利实施许可合同备案管理办法》国家知识产权局局长令(第18号)。该办法第8条规定,"经过备案的专利合同的许可性质、范围、时间、许可使用费的数额等,可以作为人民法院、管理专利工作的部门进行调解或确定侵权纠纷赔偿数额时的参照。"需要指出的是,国家知识产权局于2011年6月27日公布新的《专利实施许可合同备案办法》(第62号),自2011年8月1日起施行,2001年12月17日国家知识产权局局长令第18号发布的《专利实施许可合同备案管理办法》同时废止。

审判实践中,部分法院对许可合同的审查较为严格,往往要求权利人提供许可合同是否登记备案的证据。

在冷某某、南县泰山塑料制品厂与段某某、周某某专利侵权纠纷案中,原告冷某某于2004年11月12日就"一种水肥浇洒器"技术申请了实用新型专利,并于2006年1月18日获得专利授权并予以公告。后于2006年2月10日将该专利许可给原告南县泰山塑料制品厂独占实施,每年的许可使用费为10万元人民币。原告发现被告周某某销售被告段某某生产(销售)的水肥器落入了原告实用新型专利权利要求保护范围。两被告未经原告许可生产销售专利产品的行为侵犯了原告的专利权。为维护自己的合法权益,原告冷某某请求人民法院依法判令:(1)两被告立即停止侵犯原告专利权的行为;(2)两被告连带赔偿原告人民币 10 万元,并承担原告为制止侵权行为而支付的费用人民币 1500 元;(3)两被告承担该案诉讼费用。庭审时两原告当庭撤回其诉讼请求第二项中关于支持合理费用 1500 元的部分。原告提交了冷某某与南县泰山塑料制品厂签订的专利实施许可协议,证明冷某某的实用新型专利独占许可给泰山塑料厂使用,每年的许可使用费为 10 万元。被告认为此协议因系权利人与自己所开的工厂所签,真实性值得怀疑,但该份许可协议内容真实合法,也没有违反法律的强制性规定,且与该案诉争具有关联,法院予以认定。法院认为,原告冷某某作为 ZL200420069186.8 实用新型专利的专利权人,其专利权受法律保护。依据《专利实施许可合同备案管理办法》第 6 条第 3 款规定:"经过备案的专利合同的受让人对正在发生或者已经发生的专利侵权行为,也可以依照专利法第 57 条规定,请求地方备案管理部门处理。"因该案中两原告未举证证明其签订的专利独占实施许可合同经过了国家知识产权局备案,原告南县泰山塑料厂虽作为该专利的独占实施许可使用人,但其在发现 ZL200420069186.8 专利权受到侵犯时,亦不能同专利权人一样享受实体权利,故法院对原告南县泰山塑料厂的诉讼主张不予支持。被告段某某未经专利权人冷某某的许可,生产、销售与原告专利技术相同的产品,已构成对原告专利权的侵犯;被告周某某销售由被告段某某生产的侵权产品,其行为亦构成对原告专利权的侵犯,故两被告之不构成侵权的辩论意见不予采信,原告要求两被告停止侵权的诉讼请求,应予支持。被告段某某还申请法院中止审理该案,但该案段某某申请无效宣告的程序是在答辩期届满后进行的,此并非实用新型专利侵权之诉的法定中止理由,该案又没有发生其他足以使审判程序中止的情况,故该申请不予准许。因该案被告周某某能提供其销售侵权产品的来源,且是在不知是专利产品的情况下进行的销售,依据法律的规定,其可以免除赔偿原告损失的民事责任;但被告段某某应当赔偿原告经济损失,在原告具体损失和被告获利均不明确的情况下,原告还主张依据其专利许可费的合理倍数确定该案的定额赔偿数额。对此,根据该案现有证据证明的侵权事实及专利实施许可合同未经备案的情况,对被告参照适用专利许可费予以赔偿没有法律依据,法院将根据已查明事实,考虑被告段某某生产销售侵权产品的时间、范围等因素综合确定赔偿数额,故对原告要求两被告承担赔偿责任的诉讼请求予以部分支持。据此,判决被告段某某赔偿原告冷某某经济损失1.5万元。

二、许可合同是否已经实际履行

根据不同的个案情况,商标使用许可一般大致分为以下三类:"独占许可",是指注册商标权许可给一个被许可人使用的情况,但商标注册人依照约定不得使用该注册商标;"排他使用许可",指的是不能够再许可除了被许可人之外的其他人使用该注册商标,但商标注册人能够使用该注册商标;"普通使用许可",是指商标权人在以上的同一条件下,既可以自行使用,也可以许可给多个其他人使用。但作为确定损害赔偿额的前提,被侵权人需要举证证明以上三种使用许可中其中任意一种作为许可人与被许可人之间所缔结的合同实际已经履行。在合同双方没有实际履行合同的情形下,并无可参照的价值,法官通常会倾向于以其他的方式进行赔偿额的确定。

在浙江黄岩宾王土工合成材料有限公司(以下简称"宾王公司")、任某某诉何某某、瑞安新世纪排水带厂(以下简称"新世纪厂")一案中,2000年7月18日,任某某申请了"一种可测深型排水构件"的发明专利,该专利申请于2002年2月6日公开,于2004年4月28日被授予专利权,专利号为ZL00119469.0。其权利要求的内容为:可测深型排水构件,包括具有纵向排水通道的塑料或合成树脂网芯板,所述芯板外包裹滤膜层,所述滤膜层的两侧端部的搭接处是化学胶粘合缝,其特征在于所述的黏合缝中纵向设有两根相互绝缘的金属导线。专利权人任某某与宾王公司于2004年5月6日签订了专利实施许可合同,许可该公司以普通许可的方式制造、销售本专利产品,并约定共同追究侵权者的法律责任。宾王公司在依法实施本专利的过程中,发现新世纪厂的侵权产品并取得了何某某销售侵权产品的相关证据,该侵权产品来源于新世纪厂,由该厂制造。宾王公司取得的新世纪厂制造的"荣森"牌"排水带"(生产批号:04060029),其结构具有纵向排水通道的塑料芯板,芯板外包裹滤膜层,滤膜层的两侧的搭接处为化学胶黏合缝,黏合缝中纵向设有两根相互绝缘的金属导线,进一步分析,黏合缝位于芯板的板面中心及单侧;金属导线为铜制漆包线。该产品的结构与任某某的专利产品相比对,一一对应,具备专利的全部技术特征。

杭州市中级人民法院做出民事判决,认定被告侵权成立。关于赔偿数额的确定,杭州市中级人民法院认为,根据《中华人民共和国专利法》第60条规定:"侵犯专利权的赔偿数额,按照权利人因被侵权所受到的损失或者侵权人因侵权所获得的利益确定;被侵权人的损失或者侵权人获得的利益难以确定的,参照该专利许可使用费的倍数合理确定。"该案中,宾王公司、任某某要求新世纪厂、何某某赔偿经济损失的数额为人民币200万元,由于该案中任某某与宾王公司之间具有利害关系,即任某某为宾王公司的法定代表人,尽管根据何某某提供的公证书附件中反映的新世纪厂的生产产量及价格一览表亦不能具体计算涉案产品之数量,且在产品数量和涉案产品之间无明确的指向性,从而使其生产的侵权产品的具体数量无法确定,故对该侵权行为所发生权利人损失以及侵权人获益无法精神确定,所以法院将根据专利权的类别,侵权行为的性质、程度,专利许可使用费的数额,产品销售的范围和时间等诸项因素酌情予以确定赔偿数额,根据任某某与宾王公司签订的专利实施许可合同中许可使用费的约定,其中入门费为 80 万元,提成费为每件专利产品 0.008 元/米,根据该案情况,由于新世纪厂侵权产品之数量以及所获利润无法确认,另宾王公司及任某某也未提供已支付提成费的支付凭证,故法院将根据上述情况以入门费的 1.5 倍确定赔偿数额,最终确定新世纪厂赔偿宾王公司及任某某经济损失人民币 120 万元。新世纪厂上诉称,原审法院一方面认为宾王公司与任某某之间存在利害关系且未提供已支付提成费的支付凭证,另一方面又以入门费为依据,判令新世纪厂以入门费的 1.5 倍赔偿属适用法律不当。对此被上诉人宾王公司与任某某共同辩称,原审法院依据任某某与宾王公司签订的实施许可合同确定赔偿数额,是合理、合法、合情的。实施许可合同是否备案不是合同生效的条件。该案许可合同是双方真实意思表示,宾王公司是该案利害关系人,宾王公司和任某某作为专利侵权诉讼主体符合法律规定。根据现有证据,新世纪厂生产销售被控侵权产品获利应在 1500 万元以上,原审法院判令赔偿 120 万元是留有充分余地的。

关于原判依据该案专利实施许可合同确定侵权赔偿数额是否正确,浙江省高级人民法院认为:对于宾王公司在该案专利实施许可合同签订后,已实施了该案专利,这一事实该案双方当事人无异议。但任某某与宾王公司在合同中约定的专利实施许可费用是否已实际履行,双方存在较大争议。鉴于任某某为宾王公司的法定代表人,两者存在明确利害关系,且宾王公司与任某某未提供充分证据证明双方已履行了约定的许可费用。故双方约定的专利实施许可费的数额是否为双方当事人真实意思表示,难以确认。原审法院依据双方约定的专利实施许可费作为侵权赔偿计算基础不当。根据该案原审被告何某某提交的新世纪厂《近 3 年销售的主要用户一览表》及相关收款收据显示,新世纪厂在该案诉讼前两年内共生产、销售被控侵权产品 C 型排水带 1280 万米,而 2004 年 7 月 9 日 C 型排水带销售价为 1.17 元/米。上述二证据的取得过程经过了公证处的公证,在无相反证据的情况下,该两份证据可以作为该案定案依据。对于上诉人新世纪厂认为原审被告何某某购买被控侵权产品并索要相关资料属陷阱取证,证据来源不合法的上诉理由,法院认为,何某某购买的被控侵权产品是新世纪厂公开销售的商品,新世纪厂在销售产品时附送的资料也是其原有的资料,并非何某某授意下出具。因此何某某不存在陷阱取证的事实,何某某提供的证据可以作为定案依据。根据最高人民法院有关规定,侵权人的获利可以按侵权产品的生产、销售额乘以合理利润计算,根据该案上述查明的事实,新世纪厂在该案诉讼前两年内共生产、销售被控侵权产品 C 型排水带 1280 万米,2004 年 7 月 9 日的销售单价为 1.17 元/米,按照通常商品利润为销售额的 10% 计算,新世纪公司销售上述排水带可获利润为 149.76 万元。对于原判认定的其他事实,各方当事人无异议,法院予以确认。法院认为,任某某拥有的该案专利尚在有效期内,并已履行了专利年费的交纳义务,故该专利为有效专利,应受法律保护。新世纪厂在未得到专利权人的许可下,擅自生产技术特征与该案专利相同的被控侵权产品,侵犯了专利权人任某某的专利权,应承担相应的民事责任。新世纪厂上诉提出该案被控侵权产品的技术来源于自由公知技术的上诉理由依据不足,法院不予采纳。我国专利法及最高人民法院有关司法解释规定,侵犯专利权的赔偿数额,按照权利人因被侵权所受到的损失或者侵权人因侵权所获得的利益确定,被侵权人的损失或者侵权人获利难以确定的,可参照该专利许可使用费的倍数合理确定。该案专利实施许可合同是利害关系人之间签订的,合同中约定的专利许可费用是否已实际支付,该案中无充分证据证实,因此该案专利实施许可合同中约定的实施许可费是否为当事人真实意思表示无法确定,原审法院以专利实施许可合同中约定的实施许可费的倍数确定赔偿额不当。根据前已查明的事实,新世纪厂在该案诉讼前两年内生产被控侵权产品,可获利润 144.76 万元。但鉴于任某某、宾王公司对原审判决确定的赔偿数额未提出上诉及新世纪厂侵权获利又高于原判认定的赔偿数额,故原判认定的侵权赔偿部分,在实体处理上可予维持。综上法院认为,原审判决认定事实基本正确,实体处理恰当,依照《中华人民共和国民事诉讼法》第153条第1款第(一)项之规定,判决如下:驳回上诉,维持原判。

三、许可双方是否有利害关系

核查该专利许可合同双方之间是否存在利害关系,如果双方之间存在利害关系,双方之间所商定的专利许可使用费就可能偏离正常的专利许可使用费,不能全面、公正地反映该专利的市场价值,以该专利许可使用费作为参照标准就不能体现出合理性。

在刘某某诉东营市博亚石油科技有限公司侵犯专利权纠纷案[1]中,2006年12月6日,国家知识产权局授予原告刘某某一种油管锚定及泄油装置的实用新型专利权并公告,专利号为ZL200520127756.9。2007年7月26日,山东省滨州市公证处根据原告的申请,在胜利石油管理局井下作业四公司滨南准备大队一车间内对其中一个多功能油管锚进行了证据保全,该多功能油管锚合格证上有被告东营市博亚石油科技有限公司(以下简称"博亚公司")的名称等字样。通过技术特征对比,被控侵权产品覆盖了原告该实用新型专利权利要求的全部必要技术特征,完全落入原告的专利权保护范围之中。经查,2007年6月6日,刘某某与东营市海天石油科技有限责任公司(以下简称"海天公司")签订专利权许可合同,约定刘某某将涉案专利转让给海天公司,许可种类为普通许可,专利转让费20万元。2007年8月,海天公司向刘某某支付了上述款项。2007年9月29日,国家知识产权局对该专

---

[1]梅雪芳.专利许可使用费的真实性、合理性审查——刘某某诉东营市博亚石油科技有限公司侵犯专利权纠纷案[J].山东审判,2010(4)58-59.

利实施许可合同进行了备案证明。另查明,刘某某系海天公司的股东(占有96%的股份)和法定代表人。

东营市中级人民法院审理认为,刘某某享有的ZL200520127756.9实用新型专利权合法有效,博亚公司侵犯了原告的ZL200520127756.9实用新型专利权,依法应承担停止侵权、赔偿损失的法律责任。对于赔偿数额,原告主张适用专利许可使用费的倍数计算,由于原告的另一身份是海天公司的法定代表人,原告的这种双重身份,不宜以该专利许可使用费作为该案计算赔偿数额的标准,故对原告的该主张不予采纳,对被告应赔偿原告经济损失的数额依法酌情予以确定。依照《中华人民共和国专利法》第11条第1款、《最高人民法院关于审理专利纠纷案件适用法律问题的若干规定》第21条的规定,判决:(1)博亚公司立即停止侵犯刘某某专利权的行为;(2)博亚公司赔偿刘某某经济损失10万元。

该案中原告主张参照专利许可使用费的倍数确定赔偿数额,并提供了原告与海天公司签订的专利权许可合同及发票、国家知识产权局的备案证明,作为其主张40万元的计算依据。由于原告对其因被告侵权造成的损失及被告因侵权而获得的利益未提供证据,其提供的专利权许可合同涉及的专利是涉案专利,因此,对该专利许可使用费是否真实合理的审查,是该案考量的重点。就该案而言,可主要从以下几方面考量:可以通过审查专利许可使用费是否已实际支付或专利是否已被实施来查明。该案中,原告提供了其与海天公司的专利权许可合同及发票,以证明海天公司已向原告支付20万元。在原告提供的专利许可合同中,作为许可人的原告,同时系被许可人海天公司的股东(占有96%的股份)和法定代表人,原告的这种双重身份,使得该合同的专利许可使用费的合理性存在质疑,不能体现出作为参照标准应该具有的客观性、合理性。一审法院据此未采纳原告关于参照该专

利许可使用费的倍数计算赔偿数额的主张,而适用了法定赔偿。这种处理是妥当的。❶

四、许可使用费是否合理

实践中,有时还会出现许可使用费已支付并缴纳了相应的税款,但其许可使用费明显偏高的现象,从表面证据来看,似乎已经"真实"地履行,但其证据的合理性仍需要法院在审理的过程中进行充分核实。如果对许可使用费的真实性、合理性存在合理怀疑,对许可费用可酌情降低或不予采用,而直接适用法定赔偿。

在建发电器制品(深圳)有限公司(以下简称"建发公司")诉深圳市今星光实业有限公司(以下简称"今星光公司")外观设计专利侵权纠纷案中❷,原审法院经审理查明,2002 年 9 月 20 日,建发公司与中山市东凤镇新佳电器制品厂(以下简称"新佳电器厂")签订了一份为期 2 年的专利实施普通许可合同,专利使用年费 30 万元,新佳电器厂于 2003 年 10 月 15 日向建发公司支付了外观设计专利使用费。2002 年 11 月 1 日,建发公司就专利实施许可合同向国家知识产权局备案登记。原审法院认为,鉴于建发公司、今星光公司双方均未举证证明建发公司损失额和今星光公司获利额,原审法院根据今星光公司侵权的主观过错、侵权情节、侵权持续时间、建发公司专利受法律保护期限等因素,综合确定赔偿数额,而不参照专利许可使用费确定赔偿数额。该案建发公司专利在开庭审理时已进入公有领域,建发公司专利权自进入公有领域之日起不受法律保护,故建发公司关于停止侵权的诉讼请求,

---

❶梅雪芳.专利许可使用费的真实性、合理性审查——刘某某诉东营市博亚石油科技有限公司侵犯专利权纠纷案[J].山东审判,2010,26(4):59.

❷广东省深圳市中级人民法院(2004)深中法民三初字第 349 号民事判决,广东省高级人民法院(2005)粤高法民三终字第 31 号民事判决书。

不予支持。建发公司不服一审判决,认为一审判决认定事实基本清楚,但适用法律不当。(2004)深中法民三初字第349号判决书认定被上诉人在上诉人外观设计专利保护期间未经许可,以经营为目的,销售近似上诉人外观设计专利的产品,其行为构成侵权。对该部分侵权事实的认定符合法律规定。根据《中华人民共和国专利法》第60条规定:"被侵权人的损失或侵权人获得的利益难以确定的,参照该专利许可使用费的倍数合理确定。"上诉人在一审举证期间已向法院提交与新佳电器厂签订的专利实施许可合同,以及被许可方向上诉人支付的专利许可使用费,专利实施许可合同已实际履行。上诉人与被许可方新佳电器厂签订的专利许可合同有备案登记,是真实存在并得到实际履行的。在专利许可合同存在的情况下,一审法院应当依据《专利法》第60条的规定,参照专利许可使用费的标准确定赔偿数额;而一审法院没有依据《专利法》第60条的规定,没有参照专利使用费的标准确定赔偿数额,而是主观臆断、酌情判决被上诉人赔偿上诉人损失人民币3万元,与事实不符,没有法律依据。此外,根据(2004)深中法民三初字第367号民事判决书,原告同为建发电器制品(深圳)有限公司诉深圳雄韬电源科技有限公司专利侵权纠纷案,法院均参考该专利的许可使用费来确定侵权赔偿数额。因此,该案一审法院适用法律错误。

广东省高级人民法院认为:对于二审争议的焦点问题,根据最高人民法院《关于审理专利纠纷案件适用法律问题的若干规定》第21条的规定,被侵权人的损失或者侵权人获得的利益难以确定,有专利许可使用费可以参照的,人民法院可以根据专利权的类别,侵权人侵权的性质和情节,专利许可使用费的数额,该专利许可的性质、范围、时间等因素,参照该专利许可使用费的1至3倍合理确定赔偿数额;没有专利许可使用可以参照或者专利许可费明显不合理的,人民法院可以根据专利权的类别、侵权人侵权的性质和情节等因素,一般在人民币5000元以上30万元以下确定赔偿数额,最多不超过人民币50万元。该案建发公司在形式上虽提供了实施许可合同、支付凭证、备案证明等,但许可合同本身存在诸如签订时间晚于生效时间等瑕疵,建发公司对合同已履行却未交付设计图纸的辩解也难以自圆其说,合同履行凭证不能明确是涉案专利许可费,建发公司也未能提交该专利实施许可合同的其他具体实际履行情况。涉案外观设计专利是蓄电池专利,蓄电池这种产品属实用品,而非时尚消费品,产品外观对产品的市场竞争力影响不大,外观的附加值小,并且处在使用状态下难以令人看见外观全貌,其所传递的审美信息较为有限。许可合同约定的涉案蓄电池外观设计专利的普通实施许可年许可费达30万元,明显欠缺合理性。在审判实践中,同类型的案件因具体案情不同可能有不同的处理结果。建发公司关于应参照许可费确定今星光公司赔偿额的上诉理由不充分,法院不予采纳。而且,该案外观设计专利在原审开庭前已过保护期,除了该案被控侵权样品之外,建发公司未能提供今星光公司还实施过其他的侵权行为;建发公司上诉称今星光公司侵权时间长,已形成规模的制造和销售,没有相应证据支持;建发公司亦未就其因今星光公司侵权所致的损失举证。因此,建发公司关于原审赔偿额过低的上诉理由不充分,法院亦不予采纳。

五、许可使用的产品是否与涉案产品一致

原告北京同仁堂股份有限公司诉被告黄某某侵害商标权纠纷一案中[1],经审理查明,2013年2月28日,原告与同仁堂(集团)公司签订"同仁堂"商标使用许可合同,双方约定同仁堂(集团)公司将第171188号"同仁堂及双龙图"等9个"同仁堂"系列商标许可原告使用在注册商标核准使用的商品和服务上;许可使用期限自2013年3月1日至2018年2月28日;2013年商标许可使用费为人民币2 031 700元,以后每年双方协商调整使用许可年费,但年费

---

[1] 广东省广州市越秀区人民法院(2016)粤0104民初1506号民事判决书。

增减幅度不应超过上年度的10%。许可使用费每年12月20日前结清。该许可合同附件为许可使用的药品明细,其中包括"安宫牛黄丸"在内共计30种药品。2016年4月,同仁堂(集团)公司出具授权书,声明原告有权对侵害"同仁堂"注册商标的行为提起诉讼。关于赔偿金额的确定,法院综合考虑以下因素:(1)"同仁堂"商标具有非常高的知名度,安宫牛黄丸受众多消费者认可,被告侵权行为给原告商誉、药品销售量、营业额造成了重大损失,且实际损失难以确定;(2)刑事判决书认定被告已售出假冒安宫牛黄丸90粒,价值9876元,查获294粒,价值49 245元,该数额依据公安机关查扣的销售清单计算而得,能否全部反映被告销售侵权药品的数量及获利,被告并未举证,故在案证据不能证实被告销售侵权药品的实际获利数额,侵权所获得利益难以确定;(3)原告与同仁堂(集团)公司签订的商标许可使用合同涉及9个商标、30种药品,而该案仅涉及1个商标、1种药品,因此,不能参照商标许可使用费计算赔偿金额;(4)已查实被告销售侵权药品90粒、尚未售出的药品294粒,侵权药品数量较大,侵权情节较严重;(5)被告因销售侵权药品已受刑事处罚,足额交纳了罚金,妻子患重疾,家庭经济情况特殊;(6)原告为维权支付了律师费、交通费等合理开支。基于前述因素,酌情认定被告承担的赔偿数额为人民币15万元,该款含原告为制止侵权行为所产生的合理开支费用。原告索赔数额超过上述酌定部分的请求,不予支持。

该案中,原告提供了商标许可使用合同作证据,请求参照商标许可费用确定侵权赔偿数额。法院查明该商标许可合同涉及9件商标、30种药品,认为该商标许可合同的许可使用费不能作为确定赔偿数额的参照依据。主要有两方面的理由:其一,《商标法》第63条所规定的"参照商标许可使用费的倍数合理确定赔偿",即侵权赔偿数额等于一个商标的许可使用费用乘以数倍。如果包含数个商标的许可使用费作为计算侵权赔偿数额的依据,意味着一个权利商标因为侵权而得到了数个商标总许可使用费的倍数赔偿,这对于侵权者而言,显然有失公平。其二,在一份包含多个商标在内的许可使用合同中,无法判断每个商标许可使用费占总许可使用费的具体比重,更无法判断某一具体涉案商标的许可使用费的倍数的合理值的范围。因而,将许可使用费总数简单除以被许可的商标数,以此获得的值也不能直接作为计算赔偿数额的参照依据。❶

在"法定赔偿"中,法官基于各类侵权情节对赔偿数额作全面考虑,其准确度要求会相对低一些,许可使用费可以作为众多情节中的一个。在"北京同仁堂公司诉黄某某商标侵权纠纷案"中,原告提供了商标许可使用合同涉及多个商标、多种药品,数量多、对象复杂,难以判断涉案商标的价值,无法参照该商标许可使用费计算商标侵权赔偿数额,但法院在适用"法定赔偿"时,将许可使用费作为赔偿的参考依据。这是因为涉案商标被许可的事实是客观存在的,商标许可合同已实际履行。尽管包含多个商标的许可使用合同没有精确地指出涉案商标的价值,但也模糊地说明了涉案商标的市场价值。法院采用"法定赔偿"计算方法,将商标许可使用费作为确定侵权赔偿数额的重要参考因素,使得侵权赔偿的数额尽量与涉案商标的市场价值相对应,做到了既能准确适用法定赔偿,又能在衡量赔偿数额的酌定情节上,更加有据可循。❷

此外,上海三元影视有限公司(以下简称"三元公司")诉上海全土豆文化传播有限公司(以下简称"全土豆公司")、合一信息技术(北京)有限公司(以下简称"合一公司")侵害著作权纠纷案中❸,三元公司为电视剧《三进山

---

❶欧阳福生.参照商标许可使用费倍数确定商标侵权赔偿额的司法适用[J].中华商标,2017,10:17.

❷欧阳福生.参照商标许可使用费倍数确定商标侵权赔偿额的司法适用[J].中华商标,2017,10:17.

❸上海市第一中级人民法院(2013)沪一中民五(知)初字第50号,上海市高级人民法院(2013)沪高民三(知)终字第133号。

城》的著作权人。2012年7月14日、8月21日、10月16日,三元公司分别委托代理人向上海市徐汇公证处、上海市东方公证处申请证据保全,获得了全土豆公司所属"土豆网"、合一公司所属"优酷网"未经许可播放电视剧《三进山城》的证据。原告三元公司请求法院判令被告全土豆公司、合一公司赔偿经济损失1260万元。二审中,三元公司向法院提交了其与山东广播电视台等签订的6份涉案作品著作权许可合同以及相关的业务凭证、发票、银行业务回单等,以证明涉案作品许可给电视台所获得的许可费,请求该案赔偿金额以此确定。上海市第一中级人民法院经审理认为,全土豆公司、合一公司的行为构成侵权,判决全土豆公司赔偿三元公司经济损失40万元,合一公司在前述赔偿款20万元范围内承担连带责任。三元公司、全土豆公司、合一公司均不服一审判决,提起上诉。上海市高级人民法院审理后认为,三元公司与山东广播电视台等签订的6份许可合同,缺乏与该案的关联性,无法作为确定该案侵权赔偿数额的依据,遂判决:驳回上诉,维持原判。该案中,被告侵权行为所侵害的是作品的信息网络传播权,而三元公司与山东广播电视台等签订的6份涉案作品著作权许可合同,其合同标的并非信息网络传播权或并非仅包含信息网络传播权。三元公司许可电视台播放涉案作品,其在合同中并未明确说明属于著作权的何种具体权利。但在电视台播放,无非是以无线和有线两种方式进行传播。著作权法规定,广播权是以无线方式公开广播或者传播作品,以有线传播或者转播的方式向公众传播广播的作品,以及通过扩音器或者其他传送符号、声音、图像的类似工具向公众传播广播的作品的权利。电视台以无线方式传播以及再以有线方式传播涉案作品时,必然涉及作品的广播权,直接以有线方式传播的,属于广播权所未能涵盖的应当由著作权人享有的其他权利。因此,被告侵权行为与三元公司和山东广播电视台等签订涉案作品著作权许可合同,其所涉及的具体权利内容不同。该案中三元公司就涉案作品许可电视台播放所获得的许可费,与三元公司就涉案作品信息网络传播权对外许可所可能获得的许可费,两者之间不能等同,难以类比。三元公司和山东广播电视台等签订的涉案作品著作权许可合同所体现的价格,是许可合同所涵盖的著作财产权的市场价格,并不能证明涉案电视剧信息网络传播权的市场价格。因此,三元公司要求以此价格来确定损害赔偿数额,没有事实和法律依据。

第四节　关于许可使用费的倍数

需要指出的是,2001 年《最高人民法院关于审理专利纠纷案件适用法律问题的若干规定》对许可使用费的倍数进行限制,规定"参照该专利许可使用费的 1 至 3 倍合理确定赔偿数额"。最高人民法院对此规定的解释是:"该条规定,在上述两种计算方法均难以确定的情况下,有专利许可使用费可以参照的,人民法院可以根据专利权的类别、侵权人侵权的性质和情节、专利许可使用费数额以及该专利许可的性质、范围、时间等因素,参照该许可使用费的 1 至 3 倍确定赔偿数额。""其中'有专利许可使用费可以参照',是指原告能够提供在相同行业或技术领域中同类相关专利的许可使用费情况的证据,并非必须是原告在诉讼前就涉案专利与他人签订专利许可合同中的许可使用费。一般来说,以不低于专利许可使用费的合理数额(即使用费的 1 倍)仍然适用于多数专利侵权案件的情况。对故意侵权、侵权情节恶劣、多次侵权等情况,应当按照 1 倍以上 3 倍以下的使用费的标准计算赔偿额。由于专利法刚刚开始实施,该问题还有待司法实践的进一步探索和总结。"❶该司法解释 2015 年修改时,取消了上述 1~3 倍的限制,给法官根据具体案情合理确定损害赔偿数额留出一定的自由裁量空间。从该用语的字面意思及

---

❶最高人民法院知识产权审判庭.最高人民法院知识产权司法解释理解与适用(最新增订版)[M].北京:中国法制出版社,2016:81.

商业规律来看，其倍数应当高于一倍。之所以如此认定，是因为许可使用费一般应当低于被许可人所能获得的利润。许可使用合同应该具有"双赢"的效果，合同双方都能从中受益。如果使用许可费高于被许可人的商业利润，被许可人签订使用许可合同就没有任何意义。

第四章　法定赔偿

法定赔偿是指在权利人实际损失、侵权人非法获得以及许可使用费均难以确定的情况下,由法院根据侵权行为的相关因素在法定幅度内酌情确定的赔偿数额。

第一节　我国知识产权法定赔偿制度的建立和发展

一、我国知识产权法定赔偿制度的探索阶段

1997年2月26日,上海市高级人民法院《关于进一步加强知识产权审判工作中的意见》第38条规定,在难以完全准确确认权利人的实际损失和侵权人的侵权获利的情况下,可在下列范围内确定赔偿金额:(1)侵犯发明专利权、著作权、计算机软件、商标专用权以及不正当竞争的侵权行为人,一般应赔偿被侵权人人民币1万元至30万元。对于拒不悔改、有侵权前科或造成严重后果的侵权行为人,其赔偿被侵权人的金额可至人民币50万元;(2)侵犯外观设计、实用新型专利权的侵权行为人应赔偿被侵权人人民币5000元至15万元。该意见第39条规定,人民法院适用上述规定确定损害赔偿数额时,应考虑侵权行为的社会影响、侵权手段和情节、侵权时间和范围、侵权人

的主观过错程度以及给被侵权人造成的精神损害或商业信誉损失等因素。一般认为,这是国内最早对知识产权侵权案件适用法定赔偿制度的规定。1997年11月14—18日,最高人民法院在江苏省吴县市(吴县市于2000年12月31日撤销县级吴县市,设立苏州市吴中区、相城区)召开了全国部分法院首次知识产权审判工作座谈会。会议围绕当前知识产权审判工作中亟待解决的问题和5个司法解释(征求意见稿)进行了深入讨论,并形成了《最高人民法院关于全国部分法院知识产权审判工作座谈会纪要》。该纪要第五部分"侵权损害赔偿"对法定赔偿进行规定,"根据民法通则的规定,民事权利受到侵害的基本赔偿原则是赔偿实际损失。对此,最高人民法院曾对商标侵权、专利侵权损失赔偿的计算问题制发过司法解释。审判实践证明,这些司法解释对于大多数案件,是适用的,但也出现一些案件的损害赔偿额难以用现有的司法解释规定的方法来计算。对此,与会同志认为,对于已查明被告构成侵权并造成原告损害,但原告损失额与被告获利额等均不能确认的案件,可以采用定额赔偿的办法来确定损害赔偿额。定额赔偿的幅度,可掌握在5000元至30万元之间,具体数额,由人民法院根据被侵害的知识产权的类型、评估价值、侵权持续的时间、权利人因侵权所受到的商誉损害等因素在定额赔偿幅度内确定。"

二、我国知识产权法定赔偿制度的确立阶段

2000年11月22日,最高人民法院通过了《关于审理涉及计算机网络著作权纠纷案件适用法律若干问题的解释》。该解释第10条第2款规定,被侵权人损失不能确定的,人民法院依被侵权人的请求,可以根据侵害情节在人民币500元以上至30万元以下确定赔偿数额,最多不超过人民币50万元。2000年8月修订的专利法,并没有直接规定法定赔偿制度。2001年6月9日,最高人民法院通过的《关于审理专利纠纷案件适用法律问题的若干规

定》第 21 条规定："被侵权人的损失或者侵权人获得的利益难以确定,有专利许可使用费可以参照的,人民法院可以根据专利权的类别、侵权人侵权的性质和情节、专利许可使用费的数额、该专利许可的性质、范围、时间等因素,参照该专利许可使用费的 1~3 倍合理确定赔偿数额;没有专利许可使用费可以参照或者专利许可使用费明显不合理的,人民法院可以根据专利权的类别、侵权人侵权的性质和情节等因素,一般在人民币 5000 元以上 30 万元以下确定赔偿数额,最多不得超过人民币 50 万元。"2001 年 10 月 27 日修订的《著作权法》和《商标法》均规定了法定赔偿制度,规定权利人的实际损失或者侵权人的违法所得(获利)不能确定的,由人民法院根据侵权行为的情节,判决给予 50 万元以下的赔偿。至此,在我国三大知识产权法的侵权救济中均建立起法定赔偿制度。最高人民法院于 2006 年 12 月 30 日通过的《关于审理不正当竞争民事案件应用法律若干问题的解释》第 17 条规定："确定反不正当竞争法第十条规定的侵犯商业秘密行为的损害赔偿额,可以参照确定侵犯专利权的损害赔偿额的方法进行;确定反不正当竞争法第五条、第九条、第十四条规定的不正当竞争行为的损害赔偿额,可以参照确定侵犯注册商标专用权的损害赔偿额的方法进行。"不正当竞争领域也确立了法定赔偿原则。

三、我国知识产权法定赔偿制度的全面发展阶段

法律及司法解释虽然对法定赔偿进行规定,但是相关条文过于原则,缺乏可操作性。审判实践中,不同的法院对此裁判标准存在较大差异。为此,部分省市出台了规范标准,对法定赔偿进行规范。此外,最高人民法院于 2009 年 4 月 21 日印发了《最高人民法院关于当前经济形势下知识产权审判服务大局若干问题的意见》(法发〔2009〕23 号)。该意见第 16 条规定,增强损害赔偿的补偿、惩罚和威慑效果,降低维权成本,提高侵权代价。在确定

损害赔偿时要善用证据规则,全面、客观地审核计算赔偿数额的证据,充分运用逻辑推理和日常生活经验,对有关证据的真实性、合法性和证明力进行综合审查判断,采取优势证据标准认定损害赔偿事实。积极引导当事人选用侵权受损或者侵权获利方法计算赔偿,尽可能避免简单适用法定赔偿方法。对于难以证明侵权受损或侵权获利的具体数额,但有证据证明前述数额明显超过法定赔偿最高限额的,应当综合全案的证据情况,在法定最高限额以上合理确定赔偿额。除法律另有规定外,在适用法定赔偿时,合理的维权成本应另行计赔。适用法定赔偿时要尽可能细化和具体说明各种实际考虑的酌定因素,使最终得出的赔偿结果合理可信。根据权利人的主张和被告无正当理由拒不提供所持证据的行为推定侵权获利的数额,要有合理的根据或者理由,所确定的数额要合情合理,具有充分的说服力。注意参照许可费计算赔偿时的可比性,充分考虑正常许可与侵权实施在实施方式、时间和规模等方面的区别,并体现侵权赔偿金适当高于正常许可费的精神。注意发挥审计、会计等专业人员辅助确定损害赔偿的作用,引导当事人借助专业人员帮助计算、说明和质证。积极探索知识产权损害赔偿专业评估问题,在条件成熟时适当引入由专业机构进行专门评估的损害赔偿认定机制。

我国2013年修正的《商标法》第63条第3款规定,权利人因被侵权所受到的实际损失、侵权人因侵权所获得的利益、注册商标许可使用费难以确定的,由人民法院根据侵权行为的情节判决给予300万元以下的赔偿。该条所规定的"侵权行为的情节",包括侵权人的主观过错程度、使用的侵权手段和方式、侵权行为持续的时间、给权利人造成损害的程度等。我国《专利法》及《著作权法》均有类似规定。关于法定赔偿的数额,三部法律的规定有所不同。《商标法》规定"三百万元以下",《专利法》规定"一万元以上一百万元以下",《著作权法》规定"五十万元以下"。需要指出的是,随着社会经济的发展,法定赔偿数额有不断增加的趋势,《专利法》与《著作权法》修改草案将法定赔偿的数额分别提高到"十万元以上五百万元以下"和"一百万元以下",不断加大对侵权行为的打击力度。

第二节　我国知识产权法定赔偿制度存在的问题

不可否认,法定赔偿对于减轻权利人的举证责任,提升知识产权侵权案件的审理效率,起到显著的作用。但在司法实践中,存在以下问题。

第一,我国知识产权相关法律,均将法定赔偿作为损害赔偿计算方式的最后选择。但如前述长沙市中级人民法院及南京铁路运输法院进行的实证研究,法定赔偿在审判实践中占据绝对主导地位。很多法院为了片面提高结案效率,甚至放弃较为繁杂的损害赔偿计算方式,直接适用法定赔偿。

第二,在法定赔偿的具体适用问题上,我国法院系统在法定赔偿的适用条件、法定赔偿的量化标准等方面并未形成清晰统一的审判思路,绝大多数案件的判赔缺乏必要的说理和严密的推论。鉴于此,如何进一步规范商标权法定赔偿的适用,仍有待深入探究。❶

其三,裁判文书缺乏对适用法定赔偿的理由进行充分的论述。目前,许多法院的判决书在阐述法定赔偿数额时,在表述方式上出现千篇一律的现象,笼统地表述根据侵权行为的性质、影响、侵权时间的长短、侵权人的主观过错程度等因素,酌情确定侵权损害的赔偿数额,而未能体现个案的差别,未对这些因素与确定最终的赔偿数额之间有何关联进行论述。这种套话形式的判决降低了判决的说服力,给人以"暗箱操作"的感觉,往往是当事人难以服判,导致当事人指责法院确定的赔偿数额不公,进行上诉、申诉,不能达到利益平衡的目的,反而产生新的利益冲突。出现这一现象的原因在于当事人举证不足或者怠于举证,而法官无法根据现有证据来确定赔偿数额。

---

❶徐聪颖.我国商标权法定赔偿的现状及反思[J].甘肃政法学院学报,2015(03):80.

另外,由于法律对法定赔偿规定得比较抽象,缺少一个具有可操作性的细则,法官只能通过内心的心证来行使自由裁量权,而这种心证的过程是难以用文字来表达的。❶

第三节　法定赔偿的适用条件

根据我国相关规定,在确定侵权损害赔偿数额时,只有在实际损失和侵权人的违法所得均无法查清,且无许可使用费可供参考的情况下,才能使用法定赔偿。我国部分省市出台了相关意见,统一当地的司法适用标准。

《安徽省高级人民法院关于审理商标、专利、著作权侵权纠纷案件适用法定赔偿的指导意见》第2条规定,对商标、著作权权利人的实际损失和侵权人的违法所得可以基本查清,或者根据案件的具体情况,依据证据规则和通过证据的采信可以对赔偿数额予以确定的,不应直接适用法定赔偿。对专利侵权案件只能在确已查明侵权行为人构成侵权并造成权利人损害,而权利人损失和侵权人获利均不能确定,又没有专利许可使用费可供参照,或者在专利许可使用费明显不合理的情况下,方可适用法定赔偿。

浙江省高级人民法院《关于审理侵犯专利权纠纷案件适用法定赔偿方法的若干意见》浙高法〔2009〕334号第2条规定,人民法院应当在诉讼中指导权利人对因被侵权所受到的实际损失、侵权人因侵权获得的利益或专利许可使用费进行举证,避免简单适用法定赔偿方法。该意见第3条规定,下列情形不适用法定赔偿方法确定赔偿数额:(1)经人民法院释明后,权利人仍坚持主张以因被侵权所受到的实际损失、侵权人因侵权获得的利益或专利许

---

❶参见吕甲木《知识产权法中的利益平衡机制——以知识产权法定赔偿制度为视角》,选自《2009中华全国律师协会知识产权专业委员会年会暨中国律师知识产权高层论坛论文集(下)》2009年第12页。

可使用费确定赔偿数额的;(2)权利人选择法定赔偿方法确定赔偿数额,侵权人以其他损害赔偿计算方法进行抗辩,经人民法院审查,该抗辩成立的;(3)权利人和侵权人就损害赔偿计算方式或数额达成有效协议的;(4)权利人虽不能举证证明因被侵权所受到的实际损失或侵权人因侵权获得的利益的具体数额,但是根据产品数量、市场份额、广告宣传以及向工商、税务管理部门提供的财务报表资料等相关证据,可以确信因被侵权所受到的实际损失或侵权人因侵权获得的利益明显超过100万元的;(5)其他不宜适用法定赔偿方法的情形。

第四节　法定赔偿应考量的因素

在各类知识产权侵权案件中,侵权行为的性质、持续的时间、采取的手段、涉及的范围、造成的后果等,是通常需要考量的因素。此外,专利侵权案件中的权利类型、产品类别、权利人开发专利的投入、专利的经济生命周期、侵权人的经营规模、产品单价和单位利润、侵权是否给专利产品的商誉造成损害等,商标侵权案件中的商标声誉(即商标在相关消费群体中的知名度,是驰名商标、著名商标还是一般商标),商标使用许可费的数额,许可的种类(独占许可、排他许可抑或普通许可)、时间、范围等,著作权侵权案件中的权利类型、作品类型、作品的独创性和市场价值、正常使用费、特殊作品(如软件)的研究开发成本、权利人因侵权遭受的商誉损失等,商业秘密侵权案件中侵权人的利润、主观恶性大小、商业秘密的经济价值等,同样是法官酌定赔偿时应考虑的因素。权利人有否针对以上因素进行举证,所提供的证据是否充分、确凿,将直接影响法院最终判定的赔偿数额。❶

上海市高级人民法院《关于知识产权侵权纠纷中适用法定赔偿方法确定

---

❶林幼吟,彭新强,张筱锴.知识产权侵权损害赔偿额的证据认定[J].人民司法,2006(9):76.

赔偿数额的若干问题的意见(试行)》对适用法定赔偿确定赔偿数额的酌定因素,进行了详细的规定。第5条规定,适用法定赔偿确定赔偿数额的,一般综合以下因素酌定赔偿数额:(1)被侵犯知识产权的权利价值;(2)侵权情节;(3)侵权损害后果;(4)侵权人过错程度;(5)其他应予考虑的因素。第6条规定,著作权侵权诉讼中,应根据以下因素衡量著作权权利价值:(1)作品的类型、独创性程度、创作投入、创作难度、创作周期、知名度、市场价值、获奖情况;(2)侵权行为发生时的合理转让价格、合理许可费用、行业内的通常许可使用费或者国家规定的有关使用费标准;(3)行业稿酬标准;(4)著作权集体管理组织的许可使用费;(5)其他可以衡量著作权权利价值的因素。第7条规定,商标侵权诉讼中,可根据以下因素衡量商标权权利价值:(1)商标知名度、商标显著性;(2)商标的商业声誉;(3)商标估值、设计成本、广告投入、价值培育投入、市场开拓成本;(4)商标实际使用状况与收益;(5)侵权行为发生时的合理转让价格、合理许可费用;(6)商标使用许可的种类、时间、范围;(7)其他可以衡量商标权权利价值的因素。第8条规定,专利侵权诉讼中,可根据以下因素衡量专利权权利价值:(1)专利技术创造性、专利设计显著性;(2)专利技术研发成本、实施情况;(3)侵权行为发生时的合理转让价格、合理许可费用;(4)专利使用许可的种类、时间、范围;(5)市场上同类产品的平均利润;(6)其他可以衡量专利权权利价值的因素。第9条规定,知识产权侵权诉讼中,可根据以下因素衡量侵权情节:(1)侵权行为方式,可区别直接侵权与间接侵权,生产过程中的侵权与销售过程中的侵权;(2)侵权产品生产与销售规模、侵权作品传播范围;(3)侵权行为持续时间;(4)侵权行为次数,初次侵权或重复侵权;(5)侵权行为的组织化程度;(6)权利人发出侵权警告后侵权人的行为表现;(7)其他可以衡量侵权情节的因素。

第五章　惩罚性赔偿

我国关乎惩罚性赔偿的概念是从英文中翻译得来的。在《布莱克法律辞典》(第九版)中,用于表述惩罚性赔偿的英文有 punitive damages, exemplary damages, vindictive damages, punitory damages, presumptive damages 等。出现上述多种称谓的主要原因在于普通法的判例法传统,即惩罚性损害赔偿是法官通过判例的方式逐步建立起来的,而在特定的判决中法官使用了不同的表达方式。在我国翻译习惯上,一般将 punitive damages 译为惩罚性赔偿,将 exemplary damages 译为示范性赔偿,将 vindictive damages 译为报复性赔偿。❶

惩罚性损害赔偿是损害赔偿的一种,与补偿性损害赔偿相对,是指当被告以恶意、故意、欺诈或放任之方式实施加害行为而致原告受损时,原告可以获得除实际损害赔偿金之外的损害赔偿。❷

第一节　惩罚性赔偿的发展历程

在人类社会的早期,惩罚性赔偿的适用十分广泛。这种状况的出现一方面与人类所普遍具有的报复心理有关,另一方面也与当初民刑不分有关。

---

❶金福海.惩罚性赔偿制度研究[M].北京:法律出版社,2008:17.

❷张新宝,李倩.惩罚性赔偿的立法选择[J].清华法学,2009(4)6.

随着人类社会向近代社会迈进,惩罚性赔偿在大陆法系中逐步走向衰落,而在英美法系中得到了延续和发展。

一、惩罚性赔偿在英国的发展历程

经过中世纪的发展,惩罚性赔偿制度在英国已经有了很好的发展基础。英国的惩罚性赔偿制度历史悠久,美国、加拿大、澳大利亚以及新西兰的惩罚性赔偿金的概念都来源于英国。大多数学者认为,1763 年英国法官 Lord Camden 在 Huckey V. Money 一案当中的判决是英国惩罚性赔偿金的一个典型判例。[1]该案的原告是一位印刷工人,他因政府对一份报纸的查封被非法拘禁 6 个小时。陪审团认为被告的行为过于粗暴,于是判决被告支付 300 英镑的惩罚性赔偿金。这一阶段英国的惩罚性赔偿金主要"是针对官员所实施的压迫性的行为,早期的法官大多倾向于授予惩罚性赔偿金。"[2]从早期的案件的统计中可以看出,授予惩罚性赔偿的案件不仅包括了对政府权威的滥用,也包括了被告使用其社会权力公开虐待原告的行为。惩戒性赔偿金所依赖的动机或者加重因素不仅仅是被告不法行为的故意性,而且还有被告实施故意不法行为的欺辱或者羞辱的方式。

英国现行惩罚性赔偿的适用规则由英国上议院在 1964 年 Bookes V. Barnard 一案中确立。在该案中,上议院确立较为严格的惩罚性赔偿要求:一是政府官员的压迫性、随意性或违反宪法的行为;二是侵权行为是侵权方计算过好处大过坏处,也就是侵权行为会带来更大的经济利益;三是立法明示允许做出惩罚性赔偿。[3]

---

[1] Wils. K. B. 205,95 Eng. Rep. 768(C. P. 1763).

[2] 考茨欧,威尔科克斯. 惩罚性赔偿金:普通法与大陆法的视角[M]. 窦海阳,译. 北京:中国法制出版社,2012:197.

[3] 李适时. 中华人民共和国消费者权益保护法释义[M]. 北京:法律出版社,2013:266.

长期以来,英国普通法对惩罚性赔偿的批评一直存在,但英国法律委员会在 1993 年的咨询文件中最终认为:"应当保留惩罚性赔偿,但法律对其适用必须严格限制并使之合理化,惩罚性赔偿金只能适用于故意严重漠视原告权利的侵权案件,尤其是在双方地位不平等,原告的人格权受到侵害的情况下,但不能适用于违约。"但是,违约不能判处惩罚性赔偿金的情况也有所变化,如果违约可被同时认定为侵权,且侵权应判予惩罚性赔偿金,则违约也应判予惩罚性赔偿金。❶

二、惩罚性赔偿在美国的发展历程

美国是惩罚性赔偿制度最为完善的国家,在世界范围内有重大影响。在美国,惩罚性赔偿最早在 1784 年的 Genay V. Norris 一案中被确认。该案中,原告是一个医生,与被告发生纠纷,双方准备以枪战解决争议。但后来,被告又提议以饮酒和解,他在原告的酒中加入了药物,使原告感到非常痛苦,于是法院判决被告承担惩罚性损害赔偿。可见当时惩罚性损害赔偿在很大程度上具有弥补受害人精神痛苦的作用。至 19 世纪中叶,惩罚性赔偿已被法院普遍采纳。❷当时的法官认为这一制度的主要功能是惩罚被告,并对原告做出补偿。

进入 20 世纪,惩罚性赔偿制度在美国得到广泛应用,大大拓展了传统惩罚性赔偿的适用范围,适用于侵权法、合同法、财产法、反垄断法、劳工法及家庭法。随着美国经济的发展,许多大公司不断涌现。部分大公司制造各种不合格商品,对消费者的人身及财产造成严重损害。尽管消费者可以通过一般的侵权损害赔偿途径获得一定的救济,但由于大公司规模庞大,一般

---

❶李适时.中华人民共和国消费者权益保护法释义[M].北京:法律出版社,2013:266.

❷ David G. Oven, Punitive Damages in Products Liability Litigation, 74 MICHIGAN LAW REVIEW 1257(1976).

的补偿性赔偿难以有效遏制部分大公司制造危险产品的违法行为。由此，美国通过惩罚性损害赔偿的办法来保护广大消费者的利益。于是，惩罚性赔偿开始适用于产品责任，赔偿数额也不断增大。

惩罚性赔偿在美国得以广泛运用，与美国固有的相关制度有很大关系。主要表现在以下方面：第一，陪审团制度。《美国宪法》第7修正案中规定："在普通法诉讼中，如争议金额超过20美元，应维持陪审审理，并且陪审团裁决的事实，依据普通法规则，不应受到其他任何美国法院的审查。"陪审制度的原则就是，正义应当是普通公民关于正确与错误观念的体现。在这样的规则下，陪审团成员可能会基于对侵权行为的厌恶而从情感上做出高额赔偿的认定，而法院只能依据陪审团的认定适用法律。而且在美国，对于初审法院做出的惩罚性损害赔偿的判决，即使提出上诉，其赔偿数额也一般不做减少，除非上诉法院认定初审法院滥用自由裁量权。❶第二，作为法律实施机制的民事诉讼制度。在美国，民事诉讼实际上是一项重要的法律实施机制。原告充当"私人总检察官"，通过私人民事诉讼执行行政法规。20世纪60年代以后，在各种领域如民事权利、民事自由、投资欺诈、消费者保护和环境法方面，私法执行已成为标准。因此，惩罚性赔偿不单纯是一种损害赔偿制度，而是在更深层意义上充当了美国社会的控制工具，即通过惩罚性赔偿中的高额金钱来鼓励人们与不法行为做斗争，从而维护良好的生活秩序。❷第三，律师制度。在美国侵权案件中，律师一般采取风险代理，即如果当事人胜诉，律师将得到赔偿金的一部分，如果败诉则不收取任何诉讼费用。风险代理制度客观上鼓励原告提起诉讼，并刺激原告与律师主张高额的赔偿金。

自20世纪80年代以来，美国最高法院受理多起有关惩罚性赔偿的上诉案件。这些案件表达了美国最高法院对具体案件中惩罚性赔偿是否合乎宪

❶薛波.元照英美法词典[M].北京:法律出版社,2003:1120.

❷张新宝,李倩.惩罚性赔偿的立法选择[J].清华法学,2009(4)8.

法、赔偿金额是否过高的观点,在惩罚性赔偿制度发展历史上具有举足轻重的作用,具有极高的参考价值。

1. 1989年Browning-Ferris Industries of Vermont, Inc. V. Kelco Disposal, Inc.案。

该案中,美国最高法院以被告没有提出为由,拒绝考虑第十四修正案正当程序条款是否适用。该案涉及的焦点问题是宪法第八修正案中的禁止"超额惩罚"规定是否适用于民事案件中的惩罚性赔偿。在回顾了禁止"超额惩罚"规定的历史后,法院得出了如下结论:"无论禁止超额惩罚条款的适用范围如何,当政府既没有提起公诉,也没有权利分得惩罚性赔偿金中的一部分的情况下,禁止超额惩罚条款不适用于惩罚性赔偿金。"显然,法院认为美国宪法第八修正案是限制和约束政府滥用权力侵害私权的,而惩罚性赔偿制度并不属于此种情形,超出了宪法第八修正案禁止的范围。而惩罚性赔偿制度实际上是以司法为重心的制度,美国法院做出此种认定也是有道理的。❶

2. 1991年Pacific Mutual Life Insurance Co. V. Haslip案。

最高法院明确表示,根据普通法规则判决惩罚性赔偿没有违反第十四修正案正当程序条款。该案中,100万美元的惩罚性赔偿是补偿性赔偿的4倍。最高法院认为,惩罚性赔偿的判决,应当考虑下列因素:(1)惩罚性赔偿金与被告行为可能引起的损害或实际发生的损害之间是否合理相关;(2)被告行为之非难程度、持续期间;被告是否知悉或者隐藏不法行为以及过去相同行为是否存在及其频率;(3)被告不法行为的获利可能性、应否去除该项利益以及是否应使被告承担损害;(4)被告之财务状况;(5)所有诉讼成本;(6)若被告因该不法行为受有刑事处罚时,应减轻赔偿;(7)若被告因该不法行为

---

❶Jim Gash , "The End of an Era: The Supreme Court(Finally)Butts Out of Punitive Damages for Good" , Pepperdine University School of Law Legal Studies Research Paper Series , September 2011 , p532)转引自于冠魁. 惩罚性赔偿适用问题研究[J]. 北京:法律出版社,2016(1)24.

受有其他民事赔偿责任,惩罚性赔偿金应减低。❶美国法上的惩罚性赔偿的适用标准也在不断完善。

3. 1993 年 TXO Production Corp. V. Alliance Resources Corp. 案。

在这起案件中,美国联邦最高法院大大提高了惩罚性赔偿的数额。该案的上诉人为 TXO 石油及天然气生产公司,被上诉人为专门出租石油及天然气权利的公司。上诉人购买被上诉人某地的租赁权,以探勘石油,但被上诉人享有该石油及天然气的权利。其后上诉人公司声称其拥有该地的权利让渡书,并起诉主张该地所有权已移转于第三人,且认为被上诉人的租赁权不得对抗上诉人。被上诉人乃反诉上诉人希望将该地所有权变更为自己所有,而避免支付 50 万元到 830 万元的权利金。法院判决上诉人的权利让渡书无效,陪审团判决上诉人应赔偿 1.9 万元的补偿性损害赔偿及 1000 万元的惩罚性赔偿金。美国联邦最高法院认为此项惩罚性赔偿金是合理的,因为上诉人的欺诈行为若成功,将可获得 50 万至 800 万元的不当利益,因此高于实际损害 526 倍的惩罚性赔偿并不违反正当法律程序所保护的权利。❷

4. 1994 年 BMW of North America Inc. V. Gore 案。

此案的裁判成为初审法院和上诉法院在认定陪审团裁决是否过度时的典型案例。Gore 在阿拉巴马州起诉宝马公司商业欺诈,因为他从宝马公司经销商处购买的"新"宝马车在出售前经过重新喷漆。宝马公司承认了重新喷漆的事实,但是同时强调该部分没有披露的维修费用没有超过宝马车售价的 3%。陪审团裁决,宝马公司支付 Gore4000 美元的赔偿和 400 万美元的惩罚性赔偿。在上诉案审理过程中,亚拉巴马州最高法院认为,初审法院陪审团以赔偿金 4000 美元乘以宝马公司在全国销售的隐瞒重新喷漆事实的车的数量的计算方法是不能许可的,因此判决减免损害赔偿为 200 万美元。美

❶Pacific Mutual Life Insurance Co. v. Haslip. 499U. S. 7,18,23-4(1991).

❷王利明. 美国惩罚性制度研究[J]. 比较法研究,2003(5)4.

国联邦最高法院认为,原告经济损失只有4000美元,判决宝马公司承担200万美元的惩罚性赔偿过高,并且违反宪法规定。法院在该案中确立了三步测试法,用以判断惩罚性赔偿金是否违反宪法:(1)被告加害行为的恶劣程度;(2)惩罚性赔偿金额与实际损害的比例;(3)相应行为应受到的刑罚或者民事罚金的比较。

5. 2003年State Farm Mutual Automobile Insurance Co. V. Campbell案。

美国联邦最高法院认为,该案的补偿性赔偿只有100万美元,而惩罚性赔偿却高达1.45亿美元,违反了第十四修正案正当程序条款。美国联邦最高法院在该判决中指出,惩罚性赔偿与补偿性赔偿的比例通常在10倍以下,而该案中高达145:1;并且陪审团不能根据被告的财产提出过高的赔偿数额。最终,美国联邦最高法院认为该惩罚性赔偿金过高,因而撤销了该判决。犹他州最高法院对此案重新审理,将惩罚性赔偿金改判为约900万美元。❶该案是美国联邦最高法院在1994年提出三步测试法之后又一具有实质内容的重要判决。

在20世纪80年代中期以后,美国掀起了一场关于惩罚性赔偿制度的改革运动。这场运动不再限于理论的争执,而是利益团体为其自身利益而寻求的一场民事责任制度的改革运动。❷在列举了大量的案例后,改革者认为,惩罚性赔偿在美国面临几个问题:第一,法院经常性地采用惩罚性判决;第二,惩罚性赔偿金的额度经常很高;第三,法院判决惩罚性赔偿金的频率和额度均迅速增加;第四,这种现象已经成为美国全国性的问题。❸这些问题,已经对美国的社会造成重大影响。在改革者的努力下,联邦《惩罚性赔

---

❶Jim Gash, "The End of an Era:The Supreme Court(Finally)Butts Out of Punitive Damages for Good", Pepperdine University School of Law Legal Studies Research Paper Series, September 2011, pp533-551.

❷陈聪富. 侵权归责原则与损害赔偿责任[M]. 北京:北京大学出版社,2005:260.

❸陈聪富. 侵权归责原则与损害赔偿责任[M]. 北京:北京大学出版社,2005:261.

偿金模范州法》(Model State Punitive Damages Act)对惩罚性赔偿金进行了限制,各州也对纷纷就惩罚性赔偿予以规范。主要表现在以下方面:

(1)对证据提出明确要求。

该法第6条规定,原告在诉讼中对于支持惩罚性赔偿金请求的所有事实,均负有"明白、有说服力证据"(clear and convincing evidence)之义务。该法第6条同时规定,原告必须证明,被告行为系属恶意(malice),而单纯重大恶意非属恶意。

(2)将诉讼分为两个阶段。

该法第5条(a)~(d)款规定,审判团应当分两个阶段审理,第一个阶段只审理填补性赔偿的责任,在填补性赔偿金做出判决后,才可以进入第二阶段的惩罚性赔偿金的审理。如果第一阶段只判决象征性赔偿金,则不能判决惩罚性赔偿金。

(3)对惩罚性赔偿金的数额做出限制。

该法第5条(f)款规定,法院在决定惩罚性赔偿金的数额时,应当考虑对同一不法行为的所有以前的赔偿、惩罚性赔偿金对以后的请求权人的影响、填补性损害赔偿在该案的吓阻效果以及同一不法行为,被告应负担之其他刑事或行政处罚责任。此项规定意味着,由法官而非由陪审团审理决定惩罚性赔偿金。同时,该法第7条规定,惩罚性赔偿金的数额不得超过原告获得填补性赔偿金的数额。

此后,美国法律统一委员会又于1994年的全国会议提出"惩罚性赔偿示范法",并于1996年会议中讨论通过,提供给各州立法参考。其中对惩罚性赔偿的限制主要体现为如下几个方面:①被告只在州法律允许判予惩罚性赔偿时才有可能承担惩罚性赔偿责任;②原告须以明确并有力的证据证明被告恶意地造成了损害,或是有意地鲁莽地漠视他人的权利及利益而造成了损害;③判予惩罚性赔偿必须是为处罚被告之行为,或阻遏被告在相同情况下再实施类似行为所必要的;④如果陪审团做出了惩罚性赔偿裁决,法官须对之进行全面审查,若法官认为数额过高,则可以决定对案件进行重新审理。

美国关于惩罚性赔偿的改革运动的目的是限制惩罚性赔偿的适用,它不仅是学术界的理论争执,同时也反映出利益团体的利益之争。由于顾虑到惩罚性赔偿的数额过高,从而影响美国的经济发展,所以美国对惩罚性赔偿制度进行了改革,联邦最高法院对惩罚性赔偿的判决来看,联邦最高法院对惩罚性赔偿判决的审查渐趋严格,"美国联邦最高法院限制惩罚性赔偿的目的是为其他法院对惩罚性赔偿确立一定的原则和标准平衡联邦和州的关系,这一看似宪法上的举措,导致的结果是限制了生产商的产品责任,改变过分保护消费者的指导方向,在司法判决中更加理性地适用惩罚性赔偿"。❶

三、惩罚性赔偿在大陆法系国家和地区的发展历程

德国民法典及其他民事法律中,并没有规定惩罚性赔偿。按照德国的民法理论,受害方不能通过被授予的赔偿金而获得收益。德国联邦最高法院拒绝承认美国惩罚性赔偿金。德国联邦最高法院认为,美国判决中的赔偿金数额巨大,包括了经济损失和非经济损失,因违反了德国民事程序法典的规定,很难执行。德国联邦最高法院认为,德国法律赔偿金的功能只是在于赔偿,而不使受害人"致富";而且如果接受惩罚性赔偿金,那么相对于认可私人原告代替国家履行了"私人检察官"的职能,这与国家是行使惩罚权的唯一合法主体相矛盾。而且联邦最高法院认为德国民事法律中的赔偿金主要考虑受害人痛苦的赔偿和对个人权利侵害的赔偿,这与判决中赔偿金的遏制功能和惩罚功能不能融合。主要有两点理由:其一,痛苦赔偿金的数额主要考量受害人受到痛苦的程度;其二,赔偿金本身并不包含对造成痛苦的

---

❶董春华.论美国惩罚性赔偿与正当法律程序[J].兰州学刊,2010(11).

惩罚特性,而仅与赔偿损失相关联。❶现在,虽然对惩罚性赔偿一般不予支持,但是德国法院在例外的情况下也会将惩罚性因素加入损害赔偿中,主要体现在:精神损害赔偿、有关知识产权的赔偿、有关雇佣关系中的性别歧视等。❷

法国长期以来一直禁止在民事案件中判决惩罚性赔偿,惩罚性赔偿被认为属于刑事程序范畴。根据法国民法典,因违约或侵权遭受损害的,只能恢复到未曾遭受过损失的状态,即法国在民事领域坚守"全面补偿"。但近年来,法国国内关于"全面补偿原则"的争论越来越多。一些法官判决赔偿数额往往高于实际损失,虽然没有明确称之为惩罚性赔偿。2004年,法国成立改革民法典委员会,该委员会于2005年向司法部提交了改革债法编的草案初稿。值得注意的是,该草案第1371条中明确规定了惩罚性赔偿:"如果某人的过错明显是预谋的,特别是其目的是获得利益,可以在补偿性赔偿之外,做出惩罚性赔偿。法官在判决惩罚性赔偿时,必须给出充足的理由,必须将惩罚性赔偿与其他性质的赔偿区分开来。"尽管这一提议尚未成为法律,仍充分显示了法国有可能承认惩罚性赔偿的趋势。有的学者认为,尽管法国目前没有惩罚性赔偿,但这一制度即将到来。❸

日本现行法律中,没有关于惩罚性赔偿的规定。日本也曾拒绝承认和执行美国做出的包含惩罚性赔偿的判决。日本东京最高法院认为,美国加州法院的惩罚性损害赔偿是为制裁、惩罚加害人及抑止、吓阻同样行为之再度发生而设置的具有刑罚意义的制度,与日本侵权行为损害赔偿制度旨在填补被害人的损害相比,两者的制度本质不同。如果承认美国法院所做出的

---

❶ TOLANI. U. S. punitive damages beforeGerman courts : a comparative analysis with respect to the order public[J]. Annual Survey of International & Comparative Law , 2011 , 17 : 202.

❷石睿.美德两国惩罚性赔偿之当前发展[J].法制与社会,2007(2).

❸李适时.中华人民共和国消费者权益保护法释义[J].北京:法律出版社,2013(11)266.

判决,显然违反日本传统损害赔偿制度的基本原则及立法理念,从而认为该项判决违反日本实体法上的公序原则而无效。❶但在理论界,部分学者主张日本应引入惩罚性赔偿制度。而最为积极主张在民法中全面引进惩罚性赔偿制度的日本学者是田中英夫和竹内昭夫。他们认为公私法的划分只是人为的结果,并不是法之必然原理,严守公私法的划分,不敢越雷池半步,是思维僵化的体现,民法也完全可以具有制裁功能,典型代表就是侵权责任制度。❷

我国台湾地区有关惩罚性损害赔偿的规定见于民事特别法。如"公平交易法"第32条及其施行细则中故意违反公平交易规则的行为,"消费者保护法"第51条企业经营者故意致消费者损害之行为,"营业秘密法"第13条故意侵犯商业秘密的行为,"证券交易法"第157条之一第2项的严重内幕交易行为等都规定了惩罚性损害赔偿。由这些特别法的规定可以看出,我国台湾地区关于惩罚性赔偿的规定具有以下几个特点:第一,惩罚性赔偿基本是交易法上的规定;第二,适用范围扩张至侵害财产权,不限于传统侵害人身权领域;第三,赔偿额的确定考虑侵权人获利情况,并规定了最高赔偿倍数的限制;第四,主要适用于故意侵权场合,"消费者保护法"虽然规定了过失致害也适用惩罚性赔偿的情形,但赔偿的数额显著低于故意致害的情形。❸

从以上主要国家和地区惩罚性赔偿制度的实践情况及存在争议可以看出,两大法系对惩罚性赔偿制度的态度,正在从两个极端向中间靠拢。德国、法国等典型的大陆法系国家,绝对不承认惩罚性赔偿制度的态度有所软

---

❶许士宦.美国惩罚性赔偿判决在日本之承认及执行[J].台湾本土法学杂志,2001,(8).

❷田中英夫,竹内昭夫.私人在法实现中的作用[M].李薇,译.北京:法律出版社,2006:158-164.

❸张新宝,李倩.惩罚性赔偿的立法选择[J].清华法学,2009(4):10.

化,主张在法律中予以规定的呼声越来越高。美国联邦最高法院也注意到惩罚性赔偿制度存在的一系列问题,通过判例确立了若干规则。美国各州也纷纷通过立法和判例修正惩罚性赔偿的适用范围以及赔偿金额。

第二节　惩罚性赔偿在我国的适用

惩罚性赔偿目前在我国立法上已不陌生。一般认为,我国于1993年颁布的《中华人民共和国消费者权益保护法》(以下简称《消费者权益保护法》)首次规定了惩罚性赔偿。此后,我国已有多部法律规定了惩罚性赔偿责任,既有侵权损害的惩罚性赔偿责任,也有违约损害的惩罚性赔偿责任。

一、我国关于惩罚性赔偿的法律规定

(一)1993年《消费者权益保护法》首开惩罚性赔偿制度先河

我国于1993年颁布的《消费者权益保护法》第49条规定,经营者提供商品或者服务有欺诈行为的,应当按照消费者的要求增加赔偿其受到的损失,增加赔偿的金额为消费者购买商品的价款或者接受服务的费用的一倍。该条虽然并未明确使用"惩罚性赔偿"的表述,但双倍价格的赔偿显然已经超出了受害者实际遭受的财产损失,因而实质上属于惩罚性损害赔偿。这是中华人民共和国的法律第一次规定惩罚性赔偿制度,是一次重大的立法进步,具有里程碑式的意义,有利于制裁消费领域中的欺诈行为,维护消费者的合法权益。《消费者权益保护法》首开惩罚性赔偿制度的先河后,其他相关法律及司法解释纷纷效仿。但应当认识到,囿于当时理论研究与法律实践所限,1993年《消费者权益保护法》规定的惩罚性赔偿制度并不完美,主要体现在以下两点:一是只规定违约惩罚性赔偿,没有规定侵权惩罚性赔偿;二是规定惩罚性赔偿责任的惩罚性仍显不足,不能达到应当预期的惩罚性。

2013年,我国对《消费者权益保护法》进行修正。该法第55条规定:"经营者提供商品或者服务有欺诈行为的,应当按照消费者的要求增加赔偿其受到的损失,增加赔偿的金额为消费者购买商品的价款或者接受服务的费用的三倍;增加赔偿的金额不足五百元的,为五百元。法律另有规定的,依照其规定。""经营者明知商品或者服务存在缺陷,仍然向消费者提供,造成消费者或者其他受害人死亡或者健康严重损害的,受害人有权要求经营者依照该法第49条、第51条等法律规定赔偿损失,并有权要求所受损失二倍以下的惩罚性赔偿。"该条分别规定了违约惩罚性赔偿和侵权惩罚性赔偿。就违约惩罚性赔偿而言,将"退一赔一"改为"退一赔三",同时增加了最低赔偿金额的规定;就侵权惩罚性赔偿,明确了故意要件,将惩罚性赔偿确定为所受损失的二倍以下。与1993年《消费者权益保护法》相比,新修正的法律发生了重大变化,标志着我国惩罚性赔偿制度有了新发展。

(二)《合同法》重申惩罚性赔偿制度

我国1999年颁布的《合同法》第113条第2款规定:"经营者对消费者提供商品或者服务有欺诈行为的,依照《中华人民共和国消费者权益保护法》的规定承担损害赔偿责任。"我国《合同法》再次重申了《消费者权益保护法》中的惩罚性赔偿责任。

我国《合同法》第114条第2款规定:"约定的违约金低于造成的损失的,当事人可以请求人民法院或者仲裁机构予以增加;约定的违约金过分高于造成的损失的,当事人可以请求人民法院或者仲裁机构予以适当减少。"从该条规定来看,法律对当事人在合同中约定的违约金不是过分高于实际损失的情况也予以认可,这高于实际损失的违约金中就包含了对违约方违约行为的惩罚,一定程度上突破了传统民法理论中合同赔偿责任只在于填补损失而非进行惩罚的理念。此外,《合同法》第115条规定:"当事人可以依照《中华人民共和国担保法》约定一方向对方给付定金作为债权的担保。债务人履行债务后,定金应当抵作价款或者收回。给付定金的一方不履行约定的债务的,无权要求返还定金;收受定金的一方不履行约定的债务的,应当双倍返还定金。"该条规定表明,定金罚则并不以填平守约方的损失为前提,即使守约方没有损失,违约方也应当受到定金罚则的制裁,可见定金罚则并非补偿性损害赔偿责任,而是具有惩罚性赔偿责任的性质。

(三)司法解释扩大惩罚性赔偿的适用范围

2003年3月最高人民法院发布《关于审理商品房买卖合同纠纷案件适用法律若干问题的解释》,该司法解释第8条和第9条规定了在商品房买卖中的五种情形下可以适用惩罚性赔偿。该司法解释第8条规定:"具有下列情形之一,导致商品房买卖合同目的不能实现的,无法取得房屋的买受人可以请求解除合同、返还已付购房款及利息、赔偿损失,并可以请求出卖人承担不超过已付购房款一倍的赔偿责任:①商品房买卖合同订立后,出卖人未告知买受人又将该房屋抵押给第三人;②商品房买卖合同订立后,出卖人又将该房屋出卖给第三人。"该条规定的惩罚性赔偿的适用对象为恶意违约行为,即一方恶意违反合同,致使他方不能实现合同目的的行为。该司法解释第9条规定:"出卖人订立商品房买卖合同时,具有下列情形之一,导致合同无效或者被撤销、解除的,买受人可以请求返还已付购房款及利息、赔偿损失,并可以请求出卖人承担不超过已付购房款一倍的赔偿责任:①故意隐瞒没有取得商品房预售许可证明的事实或者提供虚假商品房预售许可证明;②故意隐瞒所售房屋已经抵押的事实;③故意隐瞒所售房屋已经出卖给第三人或者为拆迁补偿安置房屋的事实。"该司法解释制定时,关于商品房买卖合同能否适用惩罚性赔偿责任,理论界与实务界尚有争议。从《合同法》

第113条的规定来看,惩罚性赔偿在合同领域的适用是有明确、严格的规定的,只适用于经营者对消费者提供商品或者服务有欺诈行为的情形。实践中,2001年《商品房销售管理办法》第29条规定,面积误差比绝对值超出3%时,买受人有权退房。产权登记面积小于合同约定面积时,绝对值超出3%部分的房价款由房地产开发企业双倍返还买受人。该项双倍返还的惩罚性赔偿规定执行效果较好。而且,司法实践中还有对商品房买卖合同纠纷适用惩罚性赔偿的案例出现,还有经过仲裁获得双倍赔偿的,惩罚性赔偿得到社会公众的认可。据此,最高法院根据《合同法》和《消费者权益保护法》所确立的惩罚性赔偿制度,结合司法实践,明确规定了商品房买卖合同中属于出卖人恶意违约和欺诈,致使买受人无法取得房屋所有权的五种情形可以适用惩罚性赔偿。

(四)《食品安全法》对惩罚性赔偿责任制度进行有益补充

我国于2009年6月1日起施行的《食品安全法》第96条规定:"违反本法规定,造成人身、财产或者其他损害的,依法承担赔偿责任。生产不符合食品安全标准的食品或者销售明知是不符合食品安全标准的食品,消费者除要求赔偿损失外,还可以向生产者或者销售者要求支付价款十倍的赔偿金。"该条关于消费者在获得损失赔偿金以外,还可以获得"价款十倍的赔偿金"的规定,显然属于惩罚性赔偿金。《食品安全法》规定的惩罚性赔偿属于侵权责任领域,是我国法律第一次规定侵权法领域的惩罚性赔偿责任制度。关于惩罚性赔偿数额,《食品安全法》仍然采取以价款为基数的计算方法,只是将数额提高到支付价款的十倍。表面看,这种计算方法大幅提高了赔偿额度。但实质上,食品价格大都不高,十倍价格依然不能有效遏制食品安全领域的违法行为。但无论如何,《食品安全法》规定的惩罚性赔偿,填补了我国法律没有规定侵权惩罚性赔偿这一法律上的空白。

(五)《侵权责任法》首次出现"惩罚性赔偿"的表述

在《侵权责任法》制定过程中,理论界及实务界关于对侵权的惩罚性赔偿责任制度进行规定争议不大,但对于具体如何规定却莫衷一是。其中,最具代表性的有两种不同的观点。一种观点是在总则性规定中规定全面的惩罚性赔偿责任。例如,在中国社会科学院法学研究所起草的《民法典·侵权行为法草案》中,第91条规定原则性的惩罚性赔偿制度:"故意侵害他人生命、身体、健康或具有感情意义财产的,法院得在赔偿损害之外判决加害人支付不超过赔偿金三倍的惩罚性赔偿金。"其适用的条件如下:第一,行为人的主观恶性比较大,必须是故意或者是重大过失;第二,侵害的权利是最基本的民事权利,如生命、身体、健康这样的基本权利;第三,对赔偿数额进行限制,不能够超过实际损失的三倍。

另一种意见是,在《侵权责任法》的分则性规定中适当规定某些侵权行为类型可以适用惩罚性赔偿金,即在产品责任中对于恶意产品侵权行为应当规定惩罚性赔偿金。例如,我国学者王利明教授主持起草的《中国民法典草案建议稿》第1954条规定:"因生产者、销售者故意或者重大过失使产品存在缺陷,造成他人人身、财产损害的,受害人可以请求生产者、销售者给予双倍价金的赔偿。"❶

杨立新教授主持起草的《中华人民共和国侵权责任法草案建议稿》第108条规定:"生产者、销售者因故意或者重大过失使产品存在缺陷,或者明知制造或者销售的产品存在缺陷可能造成他人人身、财产损害却仍然将其销售,造成他人人身、财产损害的,受害人可以请求生产者、销售者在赔偿实际损失之外另行支付不超过实际损失两倍的赔偿金。"❷如果在《侵权责任法》中规定一个全面适用的惩罚性赔偿金制度,凡是"故意侵害他人生命、身

---

❶ 王利明. 中国民法典草案建议稿及说明[M]. 北京:中国法治出版社,2004:253.

❷ 王利明. 中国民法典草案建议稿及说明[M]. 北京:中国法治出版社,2004:253.

体、健康或具有感情意义财产的,法院得在赔偿损害之外判决加害人支付不超过赔偿金三倍的惩罚性赔偿金",那将会对大陆法系侵权法具有颠覆性的作用,立法者是很难接受的。反之,如果在某一个或者某一些特殊侵权责任场合,在特别必要的侵权行为类型中规定惩罚性赔偿金,则对于大陆法系侵权法的基本理念就不会有太大的冲击和影响,会使恶意产品侵权行为人受到制裁,人民群众的生命权和健康权得到更好保障,因而具有重大意义。❶

　　2010 年 7 月 1 日起施行的《侵权责任法》第五章"产品责任"中规定了惩罚性赔偿。第 47 条规定,"明知产品存在缺陷仍然生产、销售,造成他人死亡或者健康严重损害的,被侵权人有权请求相应的惩罚性赔偿。"该条是我国侵权责任法中仅有的关于惩罚性赔偿的规定。对此,侵权责任法在该条规定,明知产品存在缺陷仍然生产、销售,造成他人死亡或者造成健康严重损害的,被侵权人有权请求相应的惩罚性赔偿。

　　根据该条的规定,适用惩罚性赔偿的条件是:第一,侵权人具有主观故意,即明知是缺陷产品仍然生产或者销售;第二,要有损害事实,这种损害事实不是一般的损害事实,而应当是造成严重损害的事实,即造成他人死亡或者健康受到严重损害;第三,要有因果关系,即被侵权人的死亡或者健康严重受损害是因为侵权人生产或者销售的缺陷产品造成的。该条还规定了惩罚性赔偿的适用范围,即在被侵权人死亡或者健康受到严重损害的范围内适用,除此之外的其他损害不适用惩罚性赔偿,例如被侵权人的财产损害。为防止滥用惩罚性赔偿,避免被侵权人要求的赔偿数额畸高,该条规定,被侵权人有权请求相应的惩罚性赔偿。这里的相应,主要指被侵权人要求的惩罚赔偿金的数额应当与侵权人的恶意相当,应当与侵权人造成的损害后果相当,与对侵权人威慑相当,具体赔偿数额由人民法院根据个案具体判定。需要指出的是,惩罚性赔偿的主要目的不在于弥补被侵权人的损害,而

---

❶杨立新.中华人民共和国侵权责任法草案建议稿及说明[M].北京:法律出版社,2007:27.

在于惩罚有主观故意的侵权行为,并遏制这种侵权行为的发生。从赔偿功能上讲,其主要作用在于威慑,不在于补偿。虽然从个案上看,被侵权人得到了高于实际损害的赔偿数额,但从侵权人来讲,这种赔偿能够提高其注意义务,从而避免类似情况再次发生。❶该条规定只适用于产品责任案件,不适用于其他类型的侵权纠纷案件。也就是说,在我国侵权责任法中,惩罚性赔偿责任是以例外或者特殊的形态存在的,而不是一种普遍的侵权责任方式,其与补偿性的财产损失赔偿、人身损害赔偿和精神损害赔偿完全不一样,后三者具有普遍适用性。由于该条规定没有对惩罚性赔偿金的标准或幅度作出规定,因此该条的适用还有待司法解释予以明确。

(六)《劳动合同法》《旅游法》丰富了惩罚性赔偿制度

2007年出台的《劳动合同法》对不订立书面劳动合同的法律责任进行规定。该法第82条规定,"用人单位自用工之日起超过一个月不满一年未与劳动者订立书面劳动合同的,应当向劳动者每月支付二倍的工资。用人单位违反本法规定不与劳动者订立无固定期限劳动合同的,自应当订立无固定期限劳动合同之日起向劳动者每月支付二倍的工资。"显而易见,"应当向劳动者每月支付二倍的工资"是一种惩罚性的赔偿制度,用以惩罚用人单位的违法行为,同时也是为督促用人单位尽快依法与劳动者签订劳动合同,从而保护作为弱者一方的劳动者的合法权益,维护劳动关系的和谐稳定。该法于2012年进行修正,但该条规定并未修改。

在旅游活动中,旅游者属于消费者的范畴。因此,旅行社在旅游合同的订立和履行过程中有欺诈行为的,应当适用《消费者权益保护法》有关惩罚性赔偿的规定。对此,《最高人民法院关于审理旅游纠纷案件适用法律若干问题的规定》第17条第2款也明确规定:"旅游经营者提供服务时有欺诈行

---

❶杨立新.中华人民共和国侵权责任法草案建议稿及说明[M].北京:法律出版社,2007:231-232.

为,旅游者请求旅游经营者双倍赔偿其遭受的损失的,人民法院应予支持。"除此之外,《旅游法》还增加规定了对旅行社拒绝履行合同的惩罚性赔偿。该法第70条第1款规定:"旅行社不履行包价旅游合同义务或者履行合同义务不符合约定的,应当依法承担继续履行、采取补救措施或者赔偿损失等违约责任;造成旅游者人身损害、财产损失的,应当依法承担赔偿责任。旅行社具备履行条件,经旅游者要求仍拒绝履行合同,造成旅游者人身损害、滞留等严重后果的,旅游者还可以要求旅行社支付旅游费用一倍以上三倍以下的赔偿金。"实践中,旅行社违反合同义务的现象比较常见,因旅行社拒绝履行合同造成旅游者人身损害、滞留等严重后果的,是一种严重的违法行为。在此情况下,旅游者除可以要求旅行社承担违约责任或者侵权责任外,还可以要求旅行社支付旅游费用一倍以上三倍以下的赔偿金。此项规定主要目的在于提高旅行社的违约成本,从而迫使其不敢违约。

二、我国惩罚性赔偿制度的发展趋势

从惩罚性赔偿的规定可以看出,我国惩罚性赔偿制度存在以下发展趋势。

(一)从合同领域扩展到侵权领域

我国第一次关于惩罚性赔偿尝试,规定于1993年的《消费者权益保护法》。该法以订立合同的目的来界定消费者概念和适用范围,仅仅将惩罚性赔偿局限于合同领域。这样的规定就有一定的不合理性。经营者提供商品或服务的欺诈行为,造成消费者利益的损害,还包括合同价款以外的人身利益的损害,而且后者对消费者利益的损害更加严重。例如,经营者将假冒伪劣产品提供给消费者,仅仅造成合同利益的损害,便可以请求惩罚性损害赔偿。而如果伪劣产品造成消费者人身损害,后果更为严重,却不支持惩罚性赔偿。显然,此项制度设计在利益衡量上是不均衡的。因此,我国尝试在侵权领域规定惩罚性赔偿制度,并在2009年施行的《食品安全法》中规定,造成人身、财产或者其他损害的,还可以向生产者或者销售者要求支付价款十倍的赔偿金。这一规定填补了侵权惩罚性赔偿的法律空白。我国的2009年通过的《侵权责任法》也对侵权惩罚性赔偿进行了明确规定。新修正的《消费者权益保护法》,对合同领域的惩罚性赔偿进行修改,还增加了侵权惩罚性赔偿的规定,使该法的体系更加完善。

(二)惩罚性赔偿数额不断加大

惩罚性赔偿的数额,是惩罚性赔偿制度的关键要素。从我国相关法律修正中关于惩罚性赔偿的规定来看,惩罚性赔偿数额有不断增大的趋势。1993年《消费者权益保护法》规定的惩罚性赔偿数额是"消费者购买商品的价款或者接受服务的费用的一倍"。2013年该法修正时,将惩罚性赔偿数额提高到"消费者购买商品的价款或者接受服务的费用的三倍",同时规定"增加赔偿的金额不足五百元的,为五百元"。

可以预见,随着我国经济、社会的不断发展,惩罚性赔偿所具有的惩罚功能、遏制功能等独特作用将进一步被正确认识,惩罚性赔偿对社会经济生活的作用将一步受到理论界、立法界和司法界的重视,惩罚性赔偿在我国的适用范围还将进一步扩大。

第三节 我国对知识产权惩罚性赔偿的态度

一、我国现行知识产权惩罚性赔偿的法律规定

目前,我国现行知识产权法律中只有2013年修正的《中华人民共和国商

标法》明确规定惩罚性赔偿制度。第63条规定："侵犯商标专用权的赔偿数额,按照权利人因被侵权所受到的实际损失确定;实际损失难以确定的,可以按照侵权人因侵权所获得的利益确定;权利人的损失或者侵权人获得的利益难以确定的,参照该商标许可使用费的倍数合理确定。对恶意侵犯商标专用权,情节严重的,可以在按照上述方法确定数额的一倍以上三倍以下确定赔偿数额。赔偿数额应当包括权利人为制止侵权行为所支付的合理开支。人民法院为确定赔偿数额,在权利人已经尽力举证,而与侵权行为相关的账簿、资料主要由侵权人掌握的情况下,可以责令侵权人提供与侵权行为相关的账簿、资料;侵权人不提供或者提供虚假的账簿、资料的,人民法院可以参考权利人的主张和提供的证据判定赔偿数额。权利人因被侵权所受到的实际损失、侵权人因侵权所获得的利益、注册商标许可使用费难以确定的,由人民法院根据侵权行为的情节判决给予三百万元以下的赔偿。"

2014年6月6日,国务院法制办公室公布了《中华人民共和国著作权法(修订草案送审稿)》(以下简称《著作权法草案》),其中第76条规定了著作权的侵权赔偿责任,并引入了惩罚性赔偿制度,引起了理论界和实务界的广泛关注。该条规定："侵犯著作权或者相关权的,在计算损害赔偿数额时,权利人可以选择实际损失、侵权人的违法所得、权利交易费用的合理倍数或者一百万元以下数额请求赔偿。对于两次以上故意侵犯著作权或者相关权的,人民法院可以根据前款计算的赔偿数额的二至三倍确定赔偿数额。人民法院在确定赔偿数额时,应当包括权利人为制止侵权行为所支付的合理开支。人民法院为确定赔偿数额,在权利人已经尽力举证,而与侵权行为相关的账簿、资料主要由侵权人掌握的情况下,可以责令侵权人提供与侵权行为相关的账簿、资料;侵权人不提供或者提供虚假的账簿、资料的,人民法院可以根据权利人的主张判定侵权赔偿数额。"根据《著作权法草案》的规定,适用惩罚性赔偿的主观要件为"故意"侵权,客观要件为"两次以上"实施了故意的侵权行为,金额为补偿性赔偿金的"二至三倍"。

2015 年 12 月 2 日,国务院法制办公室公布了《中华人民共和国专利法修订草案(送审稿)》(以下简称《专利法草案》),其中第 68 条规定了专利权的侵权赔偿责任,并引入了惩罚性赔偿制度。该条规定:"侵犯专利权的赔偿数额按照权利人因被侵权所受到的实际损失确定;实际损失难以确定的,可以按照侵权人因侵权所获得的利益确定。权利人的损失或者侵权人获得的利益难以确定的,参照该专利许可使用费的倍数合理确定。对于故意侵犯专利权的行为,人民法院可以根据侵权行为的情节、规模、损害后果等因素,在按照上述方法确定数额的一倍以上三倍以下确定赔偿数额。赔偿数额还应当包括权利人为制止侵权行为所支付的合理开支。权利人的损失、侵权人获得的利益和专利许可使用费均难以确定的,人民法院可以根据专利权的类型、侵权行为的性质和情节等因素,确定给予十万元以上五百万元以下的赔偿。人民法院认定侵犯专利权行为成立后,为确定赔偿数额,在权利人已经尽力举证,而与侵权行为相关的账簿、资料主要由侵权人掌握的情况下,可以责令侵权人提供与侵权行为相关的账簿、资料;侵权人不提供或者提供虚假的账簿、资料的,人民法院可以参考权利人的主张和提供的证据判定赔偿数额。"根据《专利法草案》的规定,适用惩罚性赔偿的主观要件为"故意"侵权,金额为补偿性赔偿金的"一至三倍",而客观要件"情节、规模、损害后果等因素"留待法官进行考量而酌情处理。

对比《商标法》《著作权法草案》和《专利权法草案》可以发现,虽然同属于知识产权领域的主要法律,但是对于惩罚性赔偿制度的条款设计却略有差异。首先,《著作权法草案》和《专利法草案》要求主观要件为"故意",而已经实施的商标法采用了"恶意"。其次,对于客观要件的要求,著作权法限定为侵权行为"两次以上",这样的立法在法律上对惩罚性赔偿制度的适用条件给予严格的限制,力图达到防止权力被滥用的目的,但是"两次以上"的理解可以有多种,例如两次侵权是否是侵害同一权利人的著作权抑或是同一权利人的同一著作权这样的理解。这一点需要后续的司法解释或规定予以明确。立法者希望可以限定著作权领域的惩罚性赔偿的适用条件,"两次以上"所表明的是行为人主观状态比较恶劣。《专利法草案》中对客观要件的要求表述更为模糊,完全将裁量的权利交由法官。 再次,《著作权法草案》对于补偿性赔偿金的计算方法给了权利人自由选择的权利,而不同于《商标法》和《专利法草案》中,权利人需要遵循权利人所受损失、侵权人获利、许可费合理倍数、法定赔偿这四者依次适用的严格顺序限制。这样的立法给了著作权权利人更大力度的保护,使权利人免去了一部分举证之累,并且获得较高数额的赔偿金。 最后,对于惩罚性赔偿金的数额问题,三法的态度比较统一,虽然在措辞上略有不同,但上限均为补偿性赔偿金的三倍,对于下限的设定,《著作权法草案》中,最低为补偿性赔偿金的二倍,惩罚的力度比《商标法》和《专利法草案》更大。

此外,笔者认为,我国应在知识产权领域普遍适用惩罚性赔偿制度。主要原因如下:首先,对于专利、商标、作品以及商业秘密,它们作为知识产权的客体,性质上具有共同点。知识产权的客体是人类智力劳动的成果,知识产权是一种无形的财产,专利、商标、作品以及商业秘密是这种智力成果的不同表现形式,它们在各自的领域内为权利人创造财富、推动社会的发展和进步,虽然侵害不同的知识产权客体的难易程度稍有差异,但没有理论可以表明哪种智力成果是更优越的、更值得被法律给予更大力度的保护的。其次,我国应该在知识产权领域建立系统的惩罚性赔偿制度,系统并不意味着高度一致,而是应当根据不同类型的知识产权的特点制定相应的惩罚性赔偿制度,这样既在形式上保证了各部门法的统一,也在实质上保护了各个类型的知识产权。在美国和我国台湾地区这样在知识产权领域适用惩罚性赔偿制度的国家和地区,也是采取了普遍适用的态度。

二、新《商标法》修订之前我国知识产权领域是否存在惩罚性赔偿

在2013年新《商标法》规定惩罚性赔偿之前,我国知识产权法中的赔偿确定方式有四种:权利人的实际损失、侵权人的非法获利、许可费的倍数和法定赔偿。《专利法》第65条规定:"侵犯专利权的赔偿数额按照权利人因被侵权所受到的实际损失确定;实际损失难以确定的,可以按照侵权人因侵权所获得的利益确定。权利人的损失或者侵权人获得的利益难以确定的,参照该专利许可使用费的倍数合理确定。赔偿数额还应当包括权利人为制止侵权行为所支付的合理开支。"《商标法》《著作权法》关于损害赔偿的规定与《专利法》的规定基本一致。需要注意的是,现行《著作权法》并无根据交易费用确定赔偿数额的规定,但是2014年6月国务院法制办公布的《中华人民共和国著作权法(修订草案送审稿)》增加了权利交易费用的合理倍数的规定,与《商标法》及《专利法》保持一致。此外,《中华人民共和国著作权法(修订草案送审稿)》将现行《著作权法》关于确定损害赔偿数额的顺序性规定修改为选择性,即允许权利人在实际损失、侵权人违法所得、权利交易费用的合理倍数以及一百万元以下的数额之中进行选择。

2013年新《商标法》颁布之前,我国相关法律规定的确定损害赔偿数额的规则中,并没有看到"惩罚性赔偿"的文字表述。但关于我国知识产权相关法律及司法解释是否隐含惩罚性赔偿的规定,理论界及实务界有完全不同的理解。有学者指出:"在审判实践中,有不少案件的判赔数额都在专利许可费的2倍以上。可见,该条规定也同样体现了赔偿的惩罚性,因为侵权人如正常使用专利技术只需支付1倍专利许可费即可。很明显,在我国的专利赔偿方面,已体现了一定的惩罚性。"❶还有学者指出:"最高人民法院《关

---

❶ 王胜明. 中华人民共和国侵权责任法释义[M]. 北京:法律出版社,2010:35-37.

于审理专利纠纷案件适用法律问题的若干规定》第20条第3款和第21条的规定则已超越了补偿性赔偿原则的界限,体现了某种惩罚性因素。"[1]但是也有学者认为,"这一条(《关于审理专利纠纷案件适用若干问题的意见》第20条第3款)不应视为惩罚性赔偿,我国专利侵权救济还不存在惩罚性赔偿"。[2]

笔者认为,《商标法》规定惩罚性赔偿之前,我国知识产权相关法律并未确立惩罚性赔偿规则。主要理由如下:

第一,知识产权侵权损害赔偿仍然秉承侵权法传统中已填补损害为主的基本原则。我国是成文法国家,法院的裁判一般必须按照法律的明确规定进行。知识产权法属于民法范畴,在无明确规定的情况下,必须遵循民法的相关规定。补偿性原则是我国《民法通则》及《侵权责任法》确定的损害赔偿的基本原则,2013年《商标法》实施之前我国并没有关于知识产权惩罚性赔偿的规定,因此不能突破补偿性赔偿原则的要求。此外,从三部主要的知识产权法律来看,法院在确定损害赔偿数额时是有先后顺序之分的,权利人的实际损失排在首位。只有在实际损失难以确定的情况下,才能采用其他方式。之所以如此规定,主要原因是:"按照民事侵权赔偿的一般原理,对民事侵权行为首先应当以权利人受到的实际损失作为确定赔偿额的依据,只有在实际损失难以确定的情况下,才应当按照侵权人因侵权获得的利益确定。"[3]因此,应当认为,填补损害是知识产权侵权救济的基本功能,无论是哪一种计算方式其最终目的均是为了弥补权利人遭受的实际损失。

第二,许可费倍数的规定不能视为惩罚性赔偿的依据。"从2000年修改《专利法》时全国人大常委会审议过程中的考虑因素来看,规定参照专利许

---

[1]易健雄,邓宏光.应在知识产权领域引入惩罚性赔偿[J].法律适用,2009(4)92-93.

[2]温世扬,邱永清.惩罚性赔偿与知识产权保护[J].法律适用,2004(12)51.

[3]易健雄,邓宏光.应在知识产权领域引入惩罚性赔偿[J].法律适用,2009(4)92-93.

可使用费的倍数来确定赔偿数额,其本意并非要突破我国民事侵权理论中关于损失赔偿的补偿性原则,转而对侵权人实行惩罚性原则,而是在于如果仅仅按照专利许可使用费的1倍来确定赔偿数额,则还不足以'填平'专利权人所受到的损失。"❶实践中,许可人可能基于与被许可人的商业合作或基于信任关系,在确定许可使用费时给予一定的"优惠"。在此情况下,如果法院确定赔偿数额时严格按照许可费的数额计算,可能无法填平权利人损失。而且,被许可人也无事先与权利人达成许可合同的"意愿",万一被判侵权也只需支付许可使用费的数额而已。所谓惩罚性赔偿,是指是加害人给付受害人超过其实际损害数额的一种金钱赔偿。而我国相关法律之所以规定许可使用费的倍数,是赋予法院根据侵权行为的具体情形灵活确定损害赔偿金额的自由裁量权,其根本目的还是填平权利人的实际损失。

第三,法定赔偿不能视为惩罚性赔偿的依据。有学者认为,"法定赔偿也带有明显的惩罚性意味"。其主要理由为:除了侵权行为所造成的客观后果,侵权人的"主观恶意"程度直接影响着法定赔偿数额的高低。对于相同的侵权后果,"主观恶意"小的侵权人会被判支付较低的赔偿;而"主观恶意"大的侵权人会被判支付较高的赔偿因其"恶性"而受到惩罚。❷笔者认为,虽然法定赔偿中需要考虑侵权人的主观过错程度,但这与惩罚性赔偿中考虑过错程度不同。法定赔偿中,考虑侵权人的过错程度,主要是认定侵权损害后果。在权利人实际损失和侵权人违法所得均难以查清的情况下,侵权人的过错越大,一般来说其实施侵权行为的积极性、主动性越强,从而可以推定给权利人造成的实际损失越大,侵权人违法所得越高。而在惩罚性赔偿中,考虑侵权人的过错程度是确定该侵权行为是否适用惩罚性赔偿的要件。因此,采取法定赔偿方式认定损害赔偿数额,并不表示我国已经承认惩罚性

❶和育东. 专利侵权损害赔偿计算制度:变迁、比较与借鉴[J]. 知识产权,2009(5)18.

❷国家知识产权条法司.《专利法》第三次修改导读[M]. 北京:知识产权出版社,2009:82.

赔偿制度。

当然,审判实践中不排除部分法院错误理解我国知识产权相关法律规定的精神,确定的赔偿数额明显过高,违背了我国立法中关于补偿原则的基本要求。这并不是我国立法及司法所追求的目标,是我们在司法实践中应尽力避免的。

第四节　美国和我国台湾地区
知识产权惩罚性赔偿制度考察

惩罚性赔偿作为侵权救济之一种,很早即在英美法系国家确立,大陆法系国家和地区相对较为保守。就知识产权侵权而言,英美法系国家如美国、英国、加拿大等都允许适用惩罚性赔偿。大陆法系国家则坚持损害赔偿的补偿性原则,拒绝惩罚性赔偿的适用余地。我国台湾地区则是一个特别的例外,虽然我国台湾地区多数时候会被划归大陆法系,但却对侵犯专利权、著作权、商业秘密等知识产权的行为规定了惩罚性赔偿。本章简述域外知识产权侵权适用惩罚性赔偿的实践与经验。

一、美国知识产权惩罚性赔偿

在美国知识产权领域,使用惩罚性赔偿(punitive damages)一词讨论侵权问题的只限于专利侵权。如果将惩罚性赔偿界定为超过实际损失的赔偿,则商标侵权、版权侵权、侵犯商业秘密等均存在惩罚性赔偿的适用。只不过在讨论不同侵权行为时使用的术语稍有不同,讨论商标侵权时多使用"增加的赔偿(increased damages or enhanced damages)",讨论侵犯商业秘密时多使用"惩罚性的损害赔偿(exemplary damages)"一词。

(一)专利侵权惩罚性赔偿

1. 立法演变。

美国第一部专利法《1790年专利法》，并没有规定惩罚性赔偿。美国最早规定专利侵权惩罚性赔偿的是《1793年专利法》，该法规定："侵权者应当丧失侵权物品并赔偿专利权利人，赔偿金额应该至少是专利权人通常销售或者许可给他人使用该发明专利的价格的三倍。"该法规定赔偿金额的"最低倍数"为三倍。1800年，美国对专利法进行修改。《1800年专利法》规定，侵权人应赔偿的数额为专利权人所遭受的实际损害(actual damage)的三倍。该法将"最低三倍"改为"等于三倍"。1836年，美国重新制定了专利法。《1836年专利法》规定"法院有权决定专利权人的实际损失，并有权决定在此数额之上判决赔偿数额，以不超过实际损失的三倍为限。"该法将赔偿数额改为由法官根据对全案具体案情(the circumstances of the case)的综合考虑进行自由裁量，以"不超过三倍"为限。此后的《1870年专利法》，对专利侵权赔偿的规定没有实质性变化。

美国现行专利法制定于1952年，后经多次修订。现行专利法规范专利侵权赔偿问题的第284条规定："在做出有利于原告的裁判的情况下，法庭应判给原告足以补偿其因侵权所受损害的赔偿金及由法庭确定的利息和费用；任何情况下，赔偿金不应少于侵权人使用该发明创造所应支付的合理许可费。如陪审团未对赔偿金数额做出裁决，应由法庭估定之。法庭得将赔偿金额增加至前述裁决或估定的赔偿金的三倍。本款规定的增加的赔偿金不适用于本编第154条(d)款规定的临时权利。在决定赔偿金数额或合理的许可费时，法庭得依情形接受专家证词以为辅助。"该条规定了法官得以自由裁量给予原告不超过实际损害三倍的赔偿，即通常所谓的惩罚性赔偿，但该条并没有规定法官自由裁量时得考虑哪些因素。

2011年9月16日，美国通过了《莱希-史密斯美国发明法》，该法对美国专利法进行了修订,涉及专利侵权问题的修订是增加了一条新的规定,即第17条。该条规定:"侵权人未能获得有关涉案被侵权专利的法律意见(advice of counsel)或未能向法庭或陪审团提交前述意见的事实,不得用以证明被控侵权人故意侵犯专利权或故意引诱他人侵犯专利权。"该条修订主要涉及专利侵权诉讼中对故意侵权的证明问题,因此也是讨论惩罚性赔偿必然要涉及的问题,本文将在后面相关部分予以分析。

2. 司法适用。

1793 年和 1800 年专利法规定了专利侵权的惩罚性赔偿,并且是强制性的,即只要判定被控侵权人的行为构成专利侵权,就应当判决侵权人承担惩罚性赔偿,而不管侵权人的行为是否具备可谴责性。1836 年专利法及现行专利法授予法庭自由裁量权,以决定侵权人是否应当给予惩罚性赔偿,但法律条文并没有明确法庭在行使自由裁量权时,应当考虑哪些因素。侵权人应当承担惩罚性赔偿的具体条件,是由联邦法院通过判例逐步确立的,并且随着时间而不断变化。

(1)知识产权惩罚性赔偿适用于故意侵权。

美国最高法院判决的第一例有关知识产权惩罚性赔偿金的判例是 1853 年的 Seymour V. McCormick 案。在初审中,陪审团裁定了在当时属于一笔巨款的 17 000 美元的损害赔偿金,该金额是 McCormick 要求的实际损失的两倍。然而,最高法院最终推翻了初审法院的双倍赔偿判决。最高法院认为,专利侵权应当区分侵权人是善意(good faith)侵权或者因疏忽(ignorance)而侵权,还是肆意(wanton)或者恶意(malicious)的海盗(pirate)行为。对于前者,就是一般的侵权行为,应以权利人的实际损失为赔偿标准,而对于后者,可以课以加倍的赔偿金。不仅仅是为了补偿权利人的损失,而且也具有惩罚的目的。该案的重要意义在于,美国联邦最高法院确立了专利侵权惩罚性损害赔偿制度的适用条件,必须是"故意"(willful),包括肆意或者恶意。

美国虽然早在1793年《专利法》中就规定了"三倍赔偿"规则,但其性质到底是补偿性还是惩罚性,却无统一说法。在相当长时期内,各地区法院对该问题的认识也是说法不一。联邦巡回上诉法院成立后,通过判例把三倍赔偿的性质明确为惩罚性。联邦巡回上诉法院在1992年 Read Corp. V. Portec, Inc. 一案的判决中指出:"根据《专利法》第284条,损害赔偿可以将补偿金提高到最多三倍。是否提高赔偿数额,以及提高的倍数,属于初审法院的自由裁量权。尽管制定法上没有任何关于什么情况下地区法院可以行使其自由裁量权,法院已经认可,当侵权人无视专利权人的专利权而故意行为,即故意侵权时,可以提高赔偿。另一方面,发现故意侵权并不意味着必须提高到三倍。在决定是否提高赔偿以及提高赔偿的倍数时,最重要的是根据所有事实情形判断被告行为的恶劣性。法院必须考虑那些使被告行为更有可责性的因素,以及那些减轻其可责性的因素。"这段论述认为,在决定是否适用三倍赔偿以及确定提高赔偿的倍数时,要根据侵权人行为的恶劣性来判断,这与美国侵权法上惩罚性赔偿的表述是一致的。❶

(2)修订惩罚性赔偿适用标准。

在1983年 Underwater Devices, Inc. V. Morrison-Knudsen Co. 一案中,联邦巡回上诉法院对惩罚性赔偿的适用标准做出了修正。联邦巡回上诉法院认为,潜在的侵权人在实际获知他人的专利权之后,在开始从事可能构成侵权的活动之前,负有应有的小心(due care)的积极义务(affirmative duty),该积极义务包括寻求并获得合格顾问的法律意见。根据修正后的规则,原告寻求惩罚性赔偿时,只需证明被告的行为构成侵权且被告知道原告专利权的存在,而不需证明被告是故意侵权。如被告要摆脱故意侵权责任,就必须证明其履行了自己的积极义务(即获得合格的法律意见)。随后的一些判例明确了被告未能向法庭提交其曾获得的法律意见的后果,即不利推定规则(ad-

---

❶尹新天. 中国专利法详解[M]. 北京:知识产权出版社,2011:736.

verse inference rule）。依照该规则，根据被告未提交法律意见这一事实即可推定被告在开始其侵权行为之前未寻求并获得合格顾问的法律意见，或者是其获得的法律意见说明其行为足以构成侵权，甚至是直接推定被告是故意侵权。

（3）确立故意侵权认定两步法：Seagate 案。

2007 年，联邦巡回上诉法院在其审理的 Seagate 案中，推翻了 Underwater Devices 案所确立的依据被告是否履行其积极义务来判定是否故意侵权的标准。认为 Underwater 一案确立的积极义务规则对故意侵权的认定规定了一个更近似于疏忽（过失侵权）的较低门槛，该规则不符合民事诉讼视野下对故意的一般理解，并且，在惩罚性赔偿的适用方面与最高法院判例中的规则也不一致。因此，联邦巡回上诉法院一改以往将故意的认定作为主观事项来考虑的态度，转而采取了相对客观的标准，设立了两步认定法。第一步为纯粹的客观调查。该项客观调查并不涉及被控侵权人的主观心理状态，是由专利权人提交"清楚并令人信服"的证据，以证明被控侵权人从事了客观的轻率行为，即被控侵权人的行为在客观上具有很高的侵犯专利权的可能性，而侵权人仍然做出该行为。第二步为主观状态的分析。专利权人必须证明被控侵权人在主观上明知或有理由应知这种侵权风险。如果该专利技术领域的普通技术人员会预见到被告的行为很有可能侵犯专利权，则被告被认定为故意侵权的概率就高。据此，侵权人的主观心理状态虽然仍是相关的考虑因素，但是在故意侵权认定中的作用已经减轻；并且，证明故意侵权的举证责任更多地分配给了专利权人，减轻了侵权人的举证负担。由此，增加了故意侵权的认定难度，适用惩罚性赔偿的条件也更加严格。❶

（4）美国最高法院对故意侵权的最新解释。

2016 年 6 月 13 日，美国最高法院对 Halo Electronics, Inc., Petitioner V.

---

❶萝莉.论惩罚性赔偿在知识产权法中的引进及实施[J].法学，2014(4)29-30.

Pulse Electronics, Inc.专利纠纷一案与 Stryker Corporation, Et Al., Petitioners V. Zimmer, Inc.Et Al.专利纠纷一案做出判决,调整了 Seagate 标准,创造了故意侵权认定的全新判例,这使得专利权人在侵权举证上更加容易。最高法院在判决书中强调了三点:第一,取消 Seagate 案认定侵权采用的"客观鲁莽"标准,重点放在侵权人的主观恶劣行为认定方面;第二,降低了专利权人的举证责任,从"清楚的、具有说服力的证据"规则降低为"优势证据"规则;第三,采用简单的"自由裁量权滥用"审查标准,要求联邦巡回上诉法院更多地尊重地方法院关于是否给予惩罚性赔偿的自由裁量权。❶

(二)商标侵权惩罚性赔偿

美国 1946 年《商标法》(即《兰哈姆法》)第三十五条,对商标侵权损害赔偿进行规定,具体内容如下:

"第三十五条 对侵犯权利的赔偿。(一)利润、损害赔偿金、诉讼费用及律师费用:(1)当一项在美国专利与商标局业已注册标志的注册人的任何权利受到侵犯时,若在按本法的民事诉讼中侵权成立,原告有权依据本法第29条和第32条以及衡平原则取得如下赔偿:①被告从侵权中所获得的利润;②原告所遭受的一切损失;③诉讼费用。法院应对上述利润和损失金额进行估算或按其指示进行估算。在估算利润时,只要求原告证明被告的销售额;被告必须对各项成本或扣除部分提供证明。估算损失时,法院可根据案情做出高于原告实际损失的赔偿裁决,但其数额不超过实际损失数额的三倍。如果法院认为根据利润的赔偿数额不足或过高,法院有权根据具体情况确定其认为是公正的数额。在上述两种情况下,法院裁定的数额属于补偿金而不属于惩罚金。在某些例外情况下,法院可以判予胜诉一方合理的律师费用。(二)对使用假冒标志判罚的三倍损害赔偿金:(1)在根据上款估算赔

---

❶和育东.美国专利侵权救济[M].北京:法律出版社,2009:195.

偿金额时,如果法院认为理由充分,可以裁定为原利润或损害赔金额三倍的赔偿额(两者中取数额高者)连同合理的律师费用;此种裁定适用于任何违反本法第32条第1款(1)或者美国法典第36编第380条的情况,该违法行为包括在知道一件标志或标示为假冒标志的情况下〔如本法第34条(四)定义的那样〕,有意将其使用于物品的销售,提供销售、批发或者服务业上。在这种情况下,法院有权自行决定判予原告在判决前上述金额的利息,其年利率根据美国法典第26编第6621条确定,起算日期为权利要求请求人提交请求之日,结算日期为法院同意请求之日,或者是法院认为合理的更短期间。"

该条是否属于惩罚性赔偿条款,尚存在一定争议。由于美国《商标法》(the Lanham Act)明确规定,对商标权人的赔偿只应是补偿而不是惩罚,因此美国商标法领域在讨论商标法所规定的三倍赔偿时都不使用"惩罚性赔偿"一语,而是使用"增加的赔偿"(increased damages or enhanced damages)。虽然本文讨论的是"惩罚性赔偿",但根据前面的界定,凡是超过权利人实际损失的赔偿或是基于惩罚或威慑目的而确定的损害赔偿都属于本文讨论的范围,因此这里仍然将美国商标侵权"惩罚性赔偿"问题纳入讨论范围,虽然在美国并不使用"商标侵权惩罚性赔偿"这样的术语。

(三)版权侵权惩罚性赔偿

美国《版权法》并没有直接将惩罚性赔偿金作为一种赔偿形式予以明确规定。美国《版权法》第504条(c)款规定:"(c)法定赔偿——(1)本款第(2)项另有规定者除外,版权所有人在最终判决做出前之任何时间,可以就诉讼所涉及的所有侵权行为选择法定赔偿,以代替依实际损失及侵权人的侵权所得进行的赔偿……(2)版权所有人承担举证责任证明侵权行为系故意实施并且经法院认定的,法院可酌情决定将法定赔偿金增加至不超过15万美元的数额……"❶因此,与美国专利法和商标法规定有三倍赔偿不同,版权法并没有三倍赔偿的规定。但是,该规定能够起到威慑潜在侵权人的目的。联邦法院已经在其判例中明确说明:毫无疑问,版权法上的法定赔偿既包含惩罚性部分,又包含补偿性部分;法定赔偿的规定既用于补偿版权人,又用于威慑侵权人。❷

(四)商业秘密侵权惩罚性赔偿

美国宪法并未将商业秘密保护规定为联邦专属立法事项。1979年,美国统一州法委员会全国会议制定并批准了《统一商业秘密法》(*Uniform Trade Secret Act*, USTA),意图通过示范法的形式统一各州的商业秘密立法。美国《统一商业秘密法》第3条规定,"如果存在故意或恶意侵占,法院可以责令被告支付不超过实际赔偿两倍的惩罚性赔偿"。❸1995年《反不正当竞争法重述》在第45节评论中指出,"商业秘密侵权普通法诉讼中做得成功的原告,可以依据侵权案件常常适用的惩罚性赔偿规则获得惩罚性赔偿"。❹据此,如果原告能够证明被告侵占其商业秘密的行为是故意的或恶意的,则可获得实际赔偿之外不超过两倍的惩罚性赔偿。2016年5月11日,《保护商业秘密法》由时任美国总统奥巴马签署生效。依据2016的《保护商业秘密法》规定,商业秘密权利人可获得的赔偿包括补偿性赔偿金、惩罚性赔偿金以及律师费。❺联邦最高法院在State Farm Mutual Auto Insurance V.Campbell案❻确立了审查惩罚性赔偿应该考虑的因素:①被告行为的恶劣程度;②原告遭受

---

❶张玲,纪璐.美国专利侵权惩罚性赔偿制度及其启示[J].法学杂志,2013(2)54-55.

❷张慧霞.美国专利侵权惩罚性赔偿标准的新发展[J].知识产权,2016(9).

❸《十二国著作权法》翻译组.十二国著作权法[M].北京:清华大学出版社,2011:805.

❹Cass County Music Co. v. C.H.L.R., Inc., 88 F.3d 635, 643(8th Cir. 1996).

❺UniformTrade Secret Act§3(b).

❻Restatement of Unfair Competition(1995)§45 cmt(i).

的实际或潜在损害与惩罚性赔偿之间的差距;③陪审团裁决的惩罚性赔偿金额与类似案件中的民事制裁结果的差距。State Farm案件所确立的规则,影响了后来美国商业秘密案件的巨额惩罚性赔偿的裁决。❶

二、我国台湾地区知识产权侵权惩罚性赔偿

虽然我国台湾地区一般被划归大陆法系,但在惩罚性赔偿问题上却独树一帜,在很多相关规定中明确规定了惩罚性赔偿。除知识产权方面的有关规定之外,台湾地区在其"消费者保护法""健康食品管理法""公平交易法""证券交易法"等规定中规定了三倍损害赔偿。

(一)专利侵权惩罚性赔偿

台湾地区"专利法"本来并未惩罚性赔偿。1994年,迫于与美国知识产权谈判的压力,台湾地区在修订"专利法"时增加了惩罚性赔偿的内容,首次规定了两倍的惩罚性赔偿金。该规定第89条第3项规定:"依前二项规定,侵害行为如属故意,法院得依侵害情节,酌定损害额以上之赔偿,但不得超过损害额之二倍。"该条规定的"酌定损害额以上之赔偿"即为惩罚性赔偿。2001年10月24日,公布的"专利法"将外观设计和实用新型专利侵权纳入惩罚性赔偿制度的适用,并继续加大赔偿额度,将惩罚性赔偿数额的上限从2倍修改为3倍。该规定第89条第3项规定,"依前二项规定,侵害行为如属故意,法院得依侵害情节,酌定损害额以上之赔偿。但不得超过损害额之三倍。"2003年修订"专利法"时,废除了有关侵害新型、新式样专利的犯罪。至此,侵害专利权的行为均只承担民事责任,不再存在刑事责任。

2009年12月,台湾地区"专利法"修正草案,提出将3倍惩罚性赔偿规定删除,并增加权利人得选择"以相当于实施该发明专利所得收取之权利金数

---

❶傅宏宇.保护商业秘密法的立法评析[J].知识产权,2016(7)123.

额为其损害"。在专利法修正草案条文对照表"修正条文第一百零二条"的说明中,提出的修订理由是:"惩罚性赔偿系英美普通法的损害赔偿制度,其特点在于赔偿之数额超过实际损害之程度,与我国民事损害赔偿法所扮演之角色在于损害之填补不同,爰将此规定删除,以符我国民事损害赔偿之制度"。2011年11月29日,台湾地区通过"专利法"修正草案,于2013年1月1日施行。至此,台湾"专利法"彻底废除惩罚性赔偿制度,其侵权损害制度完全回归到传统大陆法系中。值得注意的是,新"专利法"施行仅5个月,台湾地区相关部门2013年5月31日又通过"专利法"再修改案,恢复惩罚性赔偿的规定。该规定第97条第2项规定,"依前项规定,侵害行为如属故意,法院得因被害人之请求,依侵害情节,可酌定损害额以上的赔偿。但不得超过已证明损害额之3倍。"台湾地区相关部门在《"专利法"部分条文修正条文对照表》中指出,社会的发展使得损害赔偿的范围得以扩充,从而导致惩罚性赔偿制度已蔓延至其他"经济法规"和"智慧财产法"中,因而,"专利法"又恢复了惩罚性赔偿的规定。

(二)台湾地区"著作权法"

我国台湾地区"著作权法"并没有明确规定惩罚性赔偿,仅规定了法定赔偿数额。其"著作权法"第88条第Ⅲ款规定,被害人不能证明其实际损害的,法院可判处1万元以上100万元以下新台币,如果"损害行为属故意且情节重大者,赔偿数额增至新台币500万元"。部分学者认为,对"故意且情节重大"的著作权侵权行为大幅增加赔偿数额的规定,与美国《版权法》的第504条(c)款第(2)项的规定非常类似,实质上是通过提高法定赔偿的数额惩罚著作权故意侵权行为和威慑潜在的侵权行为,体现了惩罚性赔偿制度的功能。❶

---

❶538 U.S. 408, 123 S. Ct. 1513, 155 L. Ed. 2d 585, Prod. Liab.Rep.(CCH)P 16805, 60 Fed. R. Evid. Serv. 1349(2003).

（三）台湾地区"营业秘密法"

台湾地区"营业秘密法"第13条规定：

"依前条请求损害赔偿时，被害人得依左列各款规定择一请求：（1）依'民法'第二百十六条之规定请求。但被害人不能证明其损害时，得以其使用时依通常情形可得预期之利益，减除被侵害后使用同一营业秘密所得利益之差额，为其所受损害。（2）请求侵害人因侵害行为所得之利益。但侵害人不能证明其成本或必要费用时，以其侵害行为所得之全部收入，为其所得利益。

"依前项规定，侵害行为如属故意，法院得因被害人之请求，依侵害情节，酌定损害额以上之赔偿。但不得超过已证明损害额之三倍。"❶该规定关于"不得超过已证明损害额之三倍"的规定，即为惩罚性赔偿。

第五节　我国知识产权侵权领域
引入惩罚性赔偿的必要性

一、知识产权具有无形性的特点

相较于物权，知识产权具有非物质性的特点，这就决定了在知识产权保护上的"先天不足"。首先，物权可以依靠权利人的占有进行保护，而知识产权产权职能依靠法律予以保护。例如，权利人拥有一块贵重的宝石，可以将其秘密地放在家中，其他人很难发现，更难以侵犯权利人的物权。换言之，物权人可以依靠占有的方式维护自身的权利，自力救济是保护物权的重要方式。而且，侵害物权的行为易被发现。在一般侵权行为中，对于物权的侵

---

❶黄武双.美国商业秘密侵权赔偿责任研究[J].科技与法律,2010(5)49.

犯主要表现为"侵占(即非法占有他人所有物的行为)、妨害(致使所有人无法充分行使权利的行为)和损毁(侵犯他人所有物致使其遭受灭失或损坏的行为)"。[1]只要权利人细心看管,经常查看,便可以知晓其物权有没有被侵犯。而知识产权则与物权具有很大不同。知识产权要实现其价值,必须对非物质性成果加以公开或使用。例如,著作权人要实现作品的价值必须将之发表,商标权人也需将标识标注于商品之上,这就为他人未经许可复制作品、使用商标创造了便利条件。对于侵害知识产权的行为,权利人是很难控制的,只能依靠法律的强制力。

其次,互联网环境下知识产权侵权问题更加突出。随着信息技术的迅猛发展,全世界已步入互联网时代。互联网具有的开放性、虚拟性的特点,使得知识产权保护面临更加严峻的考验。互联网环境下,知识产权侵权行为更加便捷、高效,侵权成本大幅降低。同时,侵权行为更加隐蔽。本来在传统环境下,知识产权的载体都是有形的,具体表现为有形的图书资料、商标标识和专利产品,发现侵权行为、确定侵权人就有很大的难度;在网络空间中,一切知识产权都表现为数字化的电子信号,从而给侵权行为的认定带来了更大的困难。此外,互联网天生具有无国界性的特点,知识产品能以极快的速度在全球范围内广泛传播,从而为世界各地的不同主体获得和使用。

综上所述,如果在知识产权领域固守"填平损害"的原则,严格以权利人的实际损失、侵权人的违法所得或以许可使用费为标准进行赔偿,根本无法遏制知识产权侵权行为。正如郑成思先生所认为的:"填平原则"貌似公平,实际上对权利人和诚信经营的与专利权人缔结许可合同的人都不公平。对权利人而言,它忽视了权利人的胜诉风险和诉讼成本,对缔结专利许可使用合同的人来说,也有合同谈不成、许可费自认过高等风险。所以,"填平原则"实际上是鼓励了侵权。如上所述,知识产权侵权具有隐蔽性的特点,权利人很难发现侵权行为并准确锁定侵权人。即使权利人发现侵权人，一般也要经过聘请律师、调查取证、提起诉讼这些烦琐程序，最后能否被认定为侵权从而获得补偿还存在一定风险。反观侵权人，本来侵权成本较低，被发现的概率很小，即使被发现并被法院认定侵权，也只需赔偿权利人实际损失或返还非法所得。对于侵权人来说，实施侵权行为可以说是毫无风险，甚至被判决侵权后也可能"重操旧业"。

侵害有形财产的行为一般是一次性行为，极少发生侵权人反复侵害同一有形财产的行为，也不太可能由多人同时侵犯同一有形财产。知识产权具有非物质性特征，同一知识产权可以为不同的人同时使用，而且权利人无法完全排除非权利人的使用。这与侵害有形财产的行为具有很大的不同。在知识产权侵权中，经常存在多个侵权人，而权利人囿于时间、精力、金钱所限，往往不会追究每个侵权人的侵权责任。在此情况下，多数侵权人便会逃脱责任，权利人的实际损失自然也无法得到有效"填补"。

二、实行"填平原则"无法填平权利人的实际损失

在我国现行的赔偿原则下，权利人的实际损失及与侵权行为的因果关系很难证明，因此在中国的司法实践中根据权利人实际损失判决赔偿数额的情况较少。即便是根据权利人的实际损失确定赔偿数额的案例中，权利人损失往往无法获得充分弥补。填平原则下，法院仅支持对权利人因销量减少直接导致的利润损失进行赔偿。然而实际上，侵权人给权利人造成的损失往往是多方面的，远非销量减少等直接损失。其他损失主要包括商誉的损失和商机的丧失。侵犯知识产权的行为往往导致权利人商誉受损。侵权人基于成本考虑，制造的侵权产品往往质量较差。假冒他人商标的劣质产品投入市场后，必然会在消费者中产生恶劣的影响，导致商标权人的商誉受到严重损害。此外，侵权产品较低的价格和低劣的品质，往往会给著作权人

和专利人商誉造成难以弥补的损害。因此,有的国家和地区直接在立法中明确支持对受损的商誉进行赔偿。我国台湾地区"商标法"第64条第2项规定:"商标专用权人之业务上信誉,因侵害而致减损时,得另请求赔偿相当之金额。"我国现行知识产权相关立法中,并无赔偿商誉损失的相关规定。司法实践中,法院在确定侵权赔偿金时也很少将商誉损失纳入其中。其次,侵犯知识产权的行为导致权利人丧失商机。知识产权制度是促进创新、提升社会竞争力的重要手段。正是由于知识产权法律制度对权利人智力创造成果的保护,权利人可以加大投入力度进行创新,获得一定期限的垄断权利,从而在激烈的市场竞争中占据优势地位。这种竞争优势不仅会使权利人收回前期投资,还能使知识产权权利人获取垄断利润,从而进行扩大再生产,从事更多的创新活动。侵权行为导致权利人不能获得预期利润,无法收回研发成本,其保持市场优势地位必将受到严重影响。现实生活中,猖獗的侵权行为往往会挤垮一个优秀的创新型企业。

三、符合我国知识产权政策的需要

任何法律的实施都离不开政策,都存在政策的取舍和选择,知识产权当然也不例外。而且,相较于其他法律实施,知识产权的政策性更加鲜明。知识产权执法的政策性是由知识产权的特殊性、知识产权法律的裁量性以及知识产权保护制度的公共政策属性决定的。从价值目标和制度功能的多维度角度出发,可以对知识产权的本质进行不同描述:在私人层面,它只是财产私有的权利形态;在国家层面,它是政府公共政策的制度选择;在国际层面,它是世界贸易体制的基本规则。❶因此,对知识产权制度的研究,既要从法学层面进行分析,也要从政策层面研究国家的政策安排。包括损害赔偿在内知识产权制度,在公共政策体系中是一项知识产权政策。而且,知识产

---

❶吴汉东.知识产权多维度学理解读[M].北京:中国人民大学出版社,2015:195.

权损害赔偿制度的较为集中地体现出公共政策取向。

实施创新驱动发展战略、知识产权强国战略,努力建设创新型国家,已成为新时期我国国家发展战略的重要组成部分。这也决定了我国必须实行严格的知识产权保护政策。当今世界,随着知识经济和经济全球化深入发展,知识产权日益成为国家发展的战略性资源和国际竞争力的核心要素,成为建设创新型国家的重要支撑和掌握发展主动权的关键。2008年6月5日,国务院印发了《国家知识产权战略纲要》,把知识产权的保护问题作为国家的一项战略性计划而提出。关于加强知识产权保护的问题,纲要中提到,"修订惩处侵犯知识产权行为的法律法规,加大司法惩处力度。提高权利人自我维权的意识和能力。降低维权成本,提高侵权代价,有效遏制侵权行为。"

2012年11月,党的十八大报告特别提出加强知识产权保护,为全面加强知识产权保护工作提出了要求,指明了方向。党的十八大报告指出,要加快转变经济发展方式,"实施创新驱动发展战略。科技创新是提高社会生产力和综合国力的战略支撑,必须摆在国家发展全局的核心位置。"报告还提出,"实施知识产权战略,加强知识产权保护。促进创新资源高效配置和综合集成,把全社会智慧和力量凝聚到创新发展上来。"十八大报告为知识产权保护指明了方向,要求我们坚定不移的加强知识产权保护,依法保护好、引导好、促进好人民群众的创新热情,努力推动科技创新及成果转化,努力为创新驱动、转型发展提供强有力的知识产权司法保障。

2013年11月,十八届三中全会审议通过《中共中央关于全面深化改革若干重大问题的决定》再次对知识产权工作作出战略部署,分别在科技体制和文化体制改革方面提及知识产权战略的重点。在文化体制改革方面,"决定"提出"加强知识产权运用和保护,健全知识创新激励机制,探索建立知识产权法院"。在文化体制改革方面,要"建立多层次文化产品和要素市场,鼓励金融资本、社会资本、文化资源相结合。完善文化经济政策,扩大政府文化资助和文化采购,加强版权保护"。

2015年3月,中共中央、国务院印发《关于深化体制机制改革　加快实施创新驱动发展战略的若干意见》(以下简称《意见》)。《意见》从制度保障、营造环境、激励创新、纳入指标、先行先试五方面对知识产权工作进行全面、有重点地部署,体现了知识产权对创新驱动发展的重要支撑作用。在营造环境方面,《意见》明确,实行严格的知识产权保护制度,完善知识产权保护相关法律,研究降低侵权行为追究刑事责任门槛,调整损害赔偿标准,探索实施惩罚性赔偿制度,完善商业秘密保护法律制度,明确商业秘密和侵权行为界定,完善知识产权审判工作机制,推进知识产权民事、刑事、行政案件的"三审合一",积极发挥知识产权法院的作用,探索跨地区知识产权案件异地审理机制,打破对侵权行为的地方保护,健全知识产权侵权查处机制,强化行政执法与司法衔接,加强知识产权综合行政执法,健全知识产权维权援助体系,将侵权行为信息纳入社会信用记录。这是中央文件中首次提出在知识产权领域探索实施惩罚性赔偿制度。这说明,知识产权惩罚性赔偿制度的探索,已上升到中共中央、国务院的战略决定,是深化体制机制改革、加快实施创新驱动发展战略的重要举措。

2015年12月,国务院印发《关于新形势下加快知识产权强国建设的若干意见》。意见指出,我国"仍面临知识产权大而不强、多而不优、保护不够严格、侵权易发多发、影响创新创业热情等问题,亟待研究解决"。意见指出,要"加大知识产权侵权行为惩治力度。推动知识产权保护法治化,发挥司法保护的主导作用,完善行政执法和司法保护两条途径优势互补、有机衔接的知识产权保护模式。提高知识产权侵权法定赔偿上限,针对情节严重的恶意侵权行为实施惩罚性赔偿并由侵权人承担实际发生的合理开支"。该制度进一步明确提出,要对情节严重的恶意侵权行为实施惩罚性赔偿,实行更加严格的知识产权保护制度,为实施创新驱动发展战略、知识产权强国战略提供重要的支撑。

2016年11月,中共中央、国务院印发《关于完善产权保护制度依法保护产权的意见》。该意见认为,我国存在"知识产权保护不力,侵权易发多发"的问题。对此,意见要求:加大知识产权侵权行为惩治力度,提高知识产权侵权法定赔偿上限,探索建立对专利权、著作权等知识产权侵权惩罚性赔偿制度,对情节严重的恶意侵权行为实施惩罚性赔偿,并由侵权人承担权利人为制止侵权行为所支付的合理开支,提高知识产权侵权成本。

以上可知,随着我国经济发展进入新常态,经济增长的动力从主要依靠要素驱动、投资驱动转向创新驱动。为适应经济发展新常态的要求,国家大力推进创新驱动发展战略、知识产权强国战略,知识产权保护在国家战略中的地位愈发重要。国家一系列文件已经明确指出在知识产权领域实施惩罚性赔偿,以便遏制日益多发的知识产权侵权行为,保护知识产权权利人的合法利益,从而为国家经济社会发展战略提供制度保障。

四、遏制知识产权侵权日益严重的需要

《全国人民代表大会常务委员会执法检查组关于检查〈中华人民共和国专利法〉实施情况的报告》指出,专利保护效果与创新主体的期待存在较大差距。专利维权存在"时间长、举证难、成本高、赔偿低""赢了官司、丢了市场"以及判决执行不到位等状况,挫伤了企业开展技术创新和利用专利制度维护自身合法权益的积极性。例如检查组在浙江座谈的12家企业、6家高校和科研机构中,有11家企业、5家高校和科研机构反映专利保护不力,中小企业反映尤为强烈。专利行政执法力度不足,不能有效制裁和震慑专利侵权行为,不能充分发挥快速解决纠纷、维护市场公平竞争的作用。专利审判队伍建设和专利司法执法能力还有待进一步提高;专利侵权诉讼中确权程

序复杂,侵权举证难度大,而判决赔偿额往往无法弥补权利人遭受的损失。因此,建议"修改专利法及相关法律,进一步完善有利于自主创新的法律环境","加大专利权保护力度,建立对故意侵犯专利权行为的惩罚性赔偿制度","使专利法在建设创新型国家中发挥更大作用"。

《中国法院知识产权司法保护状况》显示:2014年,人民法院共新收各类知识产权案件133 863件,审结127 129件,比2013年分别上升19.52%和10.82%。2015年,人民法院共新收一审、二审、申请再审等各类知识产权案件149 238件,审结142 077件,比2014年分别上升11.49%和11.76%。2016年,人民法院审理知识产权案件数量再创新高。2016年,人民法院共新收一审、二审、申请再审等各类知识产权案件177 705件,审结171 708件(含旧存,下同),比2015年分别上升19.07%和20.86%。其中,一审案件152 072件,比2015年上升16.80%。知识产权民事一审案件上升幅度最为明显,达到24.82%。北京、上海、江苏、浙江、广东五省市法院收案数量一直保持高位运行态势,新收各类知识产权案件数合计107 011件,占全国法院的70.37%。其中,广东同比上升22.36%,上海同比上升20.74%。山东、福建新收各类知识产权案件同比增幅也均在20%以上。其他一些省份也一改往年案件数量偏少的状况,如贵州法院随着工业强省、城镇化带动战略的推进,案件数量增长迅猛,同比上升了58.20%。重庆法院的知识产权案件数量也大幅攀升,全年新收知识产权案件同比上升57.85%。湖南、安徽法院知识产权一审案件数量也增长迅速,分别同比上升52.02%和45.4%。

从以上数据可以看出,近些年来人民法院新收知识产权民事、行政和刑事案件数量大幅增加。案件数量不断攀升固然可以反映权利人知识产权保护意识的增强,但更多的还是折射出近些年来我国知识产权侵权问题的严重性。

五、鼓励交易的需要

主要体现在两个方面。第一,鼓励潜在的侵权人与权利人达成交易,从而放弃侵权行为。在实行填平原则的情况下,部分潜在的侵权人基于其自身利益的考量,可能会铤而走险从事侵权行为。权利人为防止侵权行为,会耗费大量时间精力采取各种防御措施。这显然会造成社会资源的浪费,不符合社会利益最大化的需要。如果适用惩罚性赔偿,侵权人的违法所得会大大低于其侵权获利,潜在的侵权人会积极与权利人进行交易,事前获得权利人的许可。第二,鼓励侵权人与权利人就损害赔偿达成交易,从而节约司法成本。侵权人的侵权行为被发现后,仅适用补偿性赔偿的情况下,侵权人没有与权利人和解的意愿。但是在适用惩罚性赔偿的情况下,侵权人为避免支付远超其侵权获利的赔偿数额,往往会主动与权利人达成和解,从而节省时间、金钱成本。

第六节　对我国知识产权惩罚性赔偿制度的质疑及回应

一、惩罚性赔偿使我国承担高于国际条约义务

到现在为止,我国并未参与明确规定惩罚性赔偿条款的知识产权国际条约。如果引入惩罚性赔偿制度,意味着我国给自己设定了高于国际条约的义务。这种强保护政策是否适应我国的经济发展水平?从我国的知识产权相关立法进程来看,由于新中国建立知识产权制度较晚,相关法律制度基本上都是迫于国际压力被动建立的,这种状况与我国的经济技术发展水平密切相关。长期被动立法的局面形成了一种思维定式,就是我们只要达到了TRIPS 协定的最低要求就可以了,超出 TRIPS 协定的最低要求就会被视为超

水平保护,不利于我国经济技术的快速发展。

2017年,国家知识产权发展研究中心发布了《2016年中国知识产权发展状况评价报告》,对全国及各省级区域2016年知识产权发展状况和2010—2016年知识产权发展状况进行了较为全面的评价和分析。经测算,2010年以来,全国知识产权综合发展指数稳步上升,2015年达到187.3,至2016年已达到200.3(见图1)。报告认为,这种趋势反映出我国知识产权发展状况进入了一个全新的稳步发展阶段。❶近年来,我国商标权、专利权和著作权的数量年年攀升。2016年,我国共受理发明专利申请133.9万件,连续6年位居世界首位。受理商标注册申请369.1万件,连续15年保持世界第一;著作权登记量200.8万件,同比增长22.3%;植物新品种权授权2011件,同比增长35.2%。

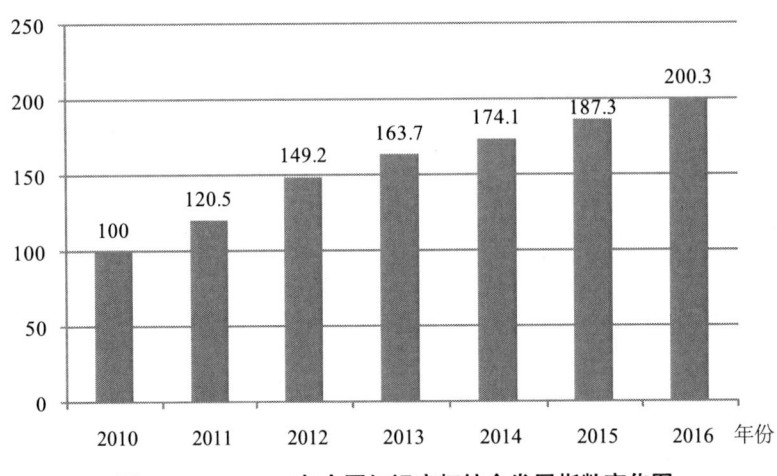

图1　2010—2016年全国知识产权综合发展指数变化图

数据来源:国家知识产权发展研究中心《2016年中国知识产权发展状况评价报告》。

---

❶孔祥俊.论知识产权执法的政策思维[J].专利代理,2005(2)3-9.

从以上数据可以看出,从知识产权数量上来看,我国已成为名副其实的知识产权大国。正因为我国知识产权发展具有强劲的发展势头,所以提高知识产权保护水平未必会阻碍我国知识产权的发展。相反,当市场主体拥有更多的知识产权数量时,更需要健全保护制度,以保障其自身的研发投入和商誉积累,提高其创新的积极性、主动性。另外,实施惩罚性赔偿制度也不是盲目提高知识产权保护水平,而是侧重于提高违法者的侵权成本。面对高昂的侵权成本,理性的市场主体会主动与知识产权权利人达成许可协议,从而自觉放弃"搭便车"的行为。此外,"针对知识产权'霸权主义'的问题,需要警惕因过度强调'霸权主义'而产生知识产权保护'民粹主义'的倾向"❶。正确的做法是,在"准确把握世界发展大势,准确把握社会主义初级阶段基本国情,深入研究我国发展的阶段性特征"的基础上,对我国知识产权发展与保护水平作出判断。❷现阶段,我国已越来越认识到加强知识产权保护对创新的巨大促进作用。2008年《专利法》修改时,在很多制度上主动提高了保护水平。同样,引入惩罚性赔偿也需转变思维方式,不能因为TRIPS协议没有规定这一制度,就认为我们也不应当建立。是否引入惩罚性赔偿制度,需要从本国的现实出发。如果一国经济发展的现实需要某种制度,国家就应当提供这种制度供给。

二、现有制度已经较为完备,遏制知识产权侵权应完善法律适用

我国现有法律规定的确定赔偿数额的计算方式有权利人实际损失、侵权法违法所得、许可费倍数以及法定赔偿等,与其他法律部门相比已经较为完

❶吴汉东.知识产权本质的多维解读.中国法学,2006(5)97-106.

❷国家知识产权发展研究中心.2016年中国知识产权发展状况评价报告[R/OL].[2017-08-13].http://www.sipo-ipdrc.org.cn/article.aspx?id=427.

善,与发达国家相比也毫不逊色。有人认为,在诉讼中实际损失或非法获利无法查清,规定惩罚性赔偿没有意义。应当认为,实际损失与非法获利具体数额的认定确实是司法实践中面临的一个主要难题。其中一个重要原因,是准确计算实际损失与非法获利需要权利人加大举证力度,从而大幅提升权利人的维权成本。如果固守补偿性原则,权利人自然没有积极证据的激励。由此,司法实践中形成了一种恶性循环:权利人怠于举证,司法判赔数额较低;司法判赔数额较低,权利人不愿意积极举证。要打破这一恶性循环,引入惩罚性赔偿是一种有力的方式。对于较为严重的知识产权侵权行为,法律规定法院可以判决高于实际损失或违法所得的赔偿数额,会对权利人产生很大的激励作用,从而促使原告加大力度积极举证。同时,法院合理地运用证据规则,合理确定实际损失或违法所得,从而判定较高的赔偿额。如此,形成一种正向激励,从而在一定程度破解法院较少使用实际损失或违法所得确定赔偿数额这一难题。

此外,还有人认为,我国现有的民事制裁足以完成惩罚性赔偿的功能。《著作权法》第51条规定法院可以"没收违法所得、侵权复制品以及进行违法活动的财物"。《最高人民法院关于审理商标民事纠纷案件适用法律若干问题的解释》第21条第1款的规定,法院可以依据《商标法》第53条的规定做出"罚款,收缴侵权商品、伪造的商标标识和专门用于生产侵权商品的材料、工具、设备等财物的民事制裁决定"。但是,民事制裁制度本质上是以公法上的惩罚手段解决民事侵权纠纷,忽视对受害人私权的救济,有悖于民事责任的私法理念。惩罚性赔偿金则给予了受害人而不是国家,倘若惩罚性赔偿制度的引入逐步替代民事制裁,可以避开民事制裁的公共惩罚性,回归民事责任的私法本性。❶

---

❶冯晓青,罗娇.知识产权侵权惩罚性赔偿研究[J].中国政法大学学报,2015(6)31.

第七节 我国知识产权侵权惩罚性赔偿的适用

只有在具备以下要件时,才能要求侵权人承担惩罚性赔偿责任:侵权人故意侵权;权利人受有损失;权利人提出申请。

一、侵权人故意侵权

对于知识产权侵权的主观要件,多数观点认为我国实行无过错责任,即侵权人即使没有过错也应当承担停止侵权的责任。但对知识产权侵权损害赔偿问题,多数观点认为我国实行的是过错推定责任,即除非侵权人证明其主观上不存在过错,否则即应承担赔偿责任。

按照通常理解,过错分为故意和过失。故意,是指行为人预见到自己的行为会导致某一损害后果而希望或者放任该后果发生的一种主观心理状态。依据是主动追求还是放任该后果的发生,可将故意分为直接故意和间接故意。所谓直接故意,是指行为人明知其行为必将产生某一后果而追求该后果的发生。所谓间接故意,是指行为人明知其行为可能产生某一后果却放任该后果的发生。在知识产权侵权领域,区分直接故意与间接故意的意义不大,其法律后果基本相同。过失,是指行为人因疏忽或者轻信而使自己未履行应有注意义务的一种心理状态。重大过失是行为人应当预见到会发生有害的后果,但是轻信可以避免,致使损害发生的一种过失。故意与过失的主要区别是,故意表现为行为人对损害后果的追求、放任心态,而过失表现为行为人不希望、不追求、不放任损害后果的心态。

笔者认为,适用惩罚性赔偿制度的主观要件应该为"故意",包含直接故意和间接故意。美国的商标法、著作权法以及我国台湾地区的知识产权领域的惩罚性赔偿制度所采用的也是"故意"的标准。主观要件不宜采用"过失"。过失包括普通过失和重大过失,过失侵权的主观恶性不大,可责性较低。惩罚性赔偿制度加重了行为人的侵权责任,是比较严厉的惩罚,应该被慎用,因过失而侵权的行为人不应当因此受到惩罚,其主观状态也不足以达到需要被遏制以防止其再犯的程度。

我国商标法规定,商标领域实行惩罚性赔偿的主观要件为"恶意"。但商标法并未对恶意的概念进行界定,理论界对此也是莫衷一是。笔者认为,"恶意"是建立在故意的心理状态之上,有更大的主观恶性。

康成投资(中国)有限公司(以下简称"康成公司")诉被告大润发投资有限公司(以下简称"大润发公司")侵害商标权纠纷一案中❶,2013年11月,原告康成公司受让取得"大润发"商标,核定服务项目第35类;其设立的318家大型"大润发"超市经营生鲜食品、日用杂品等,多年来在外资连锁企业排名中名列前茅。被告大润发公司成立于2014年10月,经营范围包括日用百货等;其先后成立武汉分公司、武宁分公司,并对外开展特许加盟。大润发公司因通过公司网站、招商文书、宣传画册等多种方式,突出使用"大润发"字样进行宣传,先后受到两次行政处罚。2015年12月,康成公司以大润发公司侵害涉案注册商标专用权和不正当竞争为由诉至法院,请求判令被告停止侵权并要求惩罚性赔偿500万元。上海知识产权法院认为,被告在经营中使用"大润发"等被控侵权标识的行为侵害了原告的商标权。被告明知原告已经注册使用涉案商标的情况下,仍然在企业名称中使用与涉案商标相同的字号,即使规范使用,仍足以使相关公众产生使用"大润发"字号的企业与原告之间存在关联关系的混淆和误认,故被告将"大润发"作为字号使用的行为构成对原告的不正当竞争。由于该案无法按照原告的损失、被告的获利以及涉案商标的许可使用费确定赔偿数额,故计算惩罚性赔偿数额的基础

❶孔祥俊.知识产权法律适用的基本问题:司法哲学、司法政策与裁判方法[M].北京:中国法制出版社,2013:绪论.

不存在,进而亦无法确定惩罚性赔偿数额。但既然商标法已经确立损害赔偿制度应当坚持填补损失和惩罚侵权双重目标的情况下,作为计算损害赔偿兜底方式的法定赔偿制度,同样应兼具补偿和惩罚的双重功能。在确定法定赔偿数额时,可以将被告的主观恶意作为考量因素之一。遂判决被告停止对原告商标权的侵害、停止在企业名称中使用"大润发"字样,并为原告消除影响、赔偿经济损失300万元。一审判决后,大润发公司不服,提起上诉。上海市高级人民法院认为,鉴于大润发公司登记的字号是其企业名称中的核心部分,与注册商标在文字上完全相同;又基于"大润发"商标的知名度和良好声誉,即便在经营中使用其企业名称全称,客观上仍无法避免使相关公众产生该公司与康成公司之间存在关联关系的误认。因此,只有停止"大润发"文字在企业字号上的使用行为,才能彻底消除相关公众对两家企业存在关联关系的误认。该案侵权行为规模和范围较大且又涉及普通公众的日常生活,侵权后果严重。使用"大润发"字号的侵权行为,客观上攀附了"大润发"商标良好的商誉,需以消除影响之民事责任承担方式弥补该商标商誉受到的损害。由于侵权行为使得相关公众对其公司与康成公司之间的关系产生误认,客观上亦存在消除误认及不良影响之必要。故驳回上诉,维持原判。

该案中,大润发公司因通过公司网站、招商文书、宣传画册等多种方式,突出使用"大润发"字样进行宣传,先后受到两次行政处罚,明显具有攀附"大润发"商标良好商誉的故意,符合惩罚性赔偿的主观要件。但是,因为该案无法按照原告的损失、被告的获利以及涉案商标的许可使用费确定赔偿数额,故计算惩罚性赔偿数额的基础不存在,进而亦无法确定惩罚性赔偿数额。需要注意的是,法院在判决中指出,"既然商标法已经确立损害赔偿制度应当坚持填补损失和惩罚侵权双重目标的情况下,作为计算损害赔偿兜底方式的法定赔偿制度,同样应兼具补偿和惩罚的双重功能。"笔者认为,法院在无法适用惩罚性赔偿条款的情况下,加大对侵权人的惩处力度、保障商标权人的合法权益的探索,值得称道。但是,法院认为法定赔偿制度同样应兼具补偿和惩罚的双重功能,却没有法律依据。

二、权利人受有损失

"无损害则无赔偿"。对侵权人适用惩罚性赔偿,其必要条件就是权利人因侵权遭受经济损失。如果经济损失尚未造成,就不能适用惩罚性赔偿。因此,在决定是否将侵权人的赔偿数额予以增加的时候,应当要求权利人证明自己因侵权行为而受有损失或侵权人有获利。

斐乐体育起诉浙江中远鞋业有限公司(以下简称"中远鞋业")、瑞安市中远电子商务有限公司(以下简称"中远电子")等四被告侵犯"FILA"系列商标权及不正当竞争案,是我国知识产权领域适用惩罚性赔偿的典型案例。❶斐乐体育诉称,其通过受让方式获得"FILA"系列商标的专用权,成为"FILA"系列品牌在中国市场的商标权利人。中远鞋业和中远电子在其生产和销售的鞋类商品上使用的商标标识与自己所持有的"FILA"系列注册商标字形、读音相近,使用形式上亦抄袭了自己的商标,其行为涉嫌侵犯了自己的企业名称权,亦构成不正当竞争行为。对此,中远鞋业等四被告不认同,双方围绕被告是否构成商标侵权,是否侵犯了原告知名商品特有包装、装潢等多个焦点问题展开了激烈辩论。

北京市西城区人民法院经审理认为,被诉商品在鞋子及包装上大量使用了"GFLA 图形"标识,将此标识与原告第 163333 号"FILA 图形"商标等进行对比可以看出,"GFLA 图形"标识在构成要素、字形、读音、含义上均与原告第163333 号"FILA 图形"商标、第 G691003A 号"FILA 图形"商标近似。因被诉商品与原告主张的商标核定使用的商品构成同一种商品,而被诉商品中所使

---

❶和育东,石红艳,林声烨.知识产权侵权引入惩罚性赔偿之辩[J].知识产权,2013(3)58.

用的标识与原告主张的商标构成近似等,故被诉商品使用"GFLA 图形"标识侵犯了原告的注册商标专用权。关于中远鞋业等在企业网站等页面上使用了"GFLA 文字""GFLA 文字及图形"等标识的行为,法院经审理认为,被诉商标的英文字母部分"GFLA"与原告第 163333 号、第 G691003A 号商标构成近似,且被告网站展示和销售的商品与原告主张的商标核定使用的商品均为鞋子,构成同一种商品,相关公众会误认为被诉商品系由原告提供,被诉行为存在混淆可能性等。因此,中远鞋业在网站上使用"GFLA"相关标识侵犯了原告的相关注册商标专用权。此外,法院还认为,被诉商品在鞋盒上突出使用的"飛樂(中國)"字样,容易使相关公众产生误认,导致混淆,侵犯了原告的注册商标专用权。

该案受到社会广泛关注,除涉案品牌具有较高社会知名度外,还因为原告提出了 941 万元的高额索赔以及法院一审判决的 832 万元高赔偿额。那么,法院是如何确定这个赔偿额的呢?法院在判决书中指出,中远鞋业提交的 2015 年度企业所得税纳税申报鉴定报告以及 2016 年度资产负债表及利润表虽未经审计,但在被告未提供其他证据的情况下,上述财务数据可以作为计算的参考依据。考虑到中远鞋业对外宣传其存在 3 个品牌,但未提供证据证明每个品牌的销售量和获利,法院推定涉案被诉商品的营业利润所占比例为中远鞋业营业利润的 1/3。中远鞋业提交的财务数据显示,通过计算后得出的 2015 年和 2016 年的总营业利润除以 3 后的利润为 263.8 万余元。此外,中远鞋业等被告作为同类商品的经营者,理应知晓原告注册商标的知名度,且在明知使用涉案被诉标识可能会给消费者造成严重误导,导致商品来源混淆误认的情况下,仍然继续生产和销售侵权商品,主观恶意明显,所以按照中远鞋业因侵权获利的 3 倍确定赔偿数额。对于合理开支部分,法院认为,原告已提供了相应票据,且考虑到该案案情复杂、证据材料繁多等事实,对于原告主张的合理开支予以全额支持。

最终,北京市西城区人民法院一审判令中远鞋业、中远电子等立即停止侵权行为并赔偿原告经济损失791万元及合理开支41万元;判令被告北京京东叁佰陆拾度电子商务有限公司对京东商城"杰飞乐旗舰店"销售涉案侵权商品的行为采取删除、屏蔽、断开链接等必要措施。

三、权利人提出申请

在国外,大多数国家都规定了惩罚性赔偿需要由当事人提出或进行选择。在我国,惩罚性赔偿适用的程序性条件也应当是权利人提出申请。因为获得惩罚性赔偿对于著作权人来说是一种权利,是否要行使这种权利,著作权人当然自主地享有处分权。此外,根据前面的论述,惩罚性赔偿仍然是一种民事责任,应当按照民事诉讼的程序进行审理,根据民事诉讼法中"不告不理"的原则,法院只可以在权利人未提出这种申请时向其释明其有权提出要求侵权人承担惩罚性赔偿的申请,而不能在其没有提出这种诉请的时候,径行要求侵权人向权利人承担惩罚性赔偿的责任。

原告卡尔文·克雷恩商标托管与被告厦门某电子商务有限公司等侵害商标权纠纷案[1],该案是一起拥有世界著名时尚品牌的国外公司在我国提起的知识产权诉讼,也是新《商标法》实施后,我国较早适用惩罚性赔偿原则的案件。卡尔文·克雷恩是世界著名时尚品牌,原告卡尔文·克雷恩商标托管享有包括图形商标、Calvin、Calvin Klein等在内的多个注册商标专用权。2014年8月,原告发现被告厦门某电子商务有限公司等未经许可在天猫开设专营网店大量销售带有CK、CALVIN、Calvin Klein Jeans等多个商标的服装,侵犯了原告的注册商标专用权;原告依不同商标起诉多起案件,请求法院判令被告停止侵权并赔偿经济损失人民币共计210万元。山东省青岛市中级人民法院经审理认为,被告厦门某电子商务有限公司等未经许可在其经营的网

---

[1] 上海知识产权法院(2015)沪知民初字第731号,上海市高级人民法院(2016)沪民终409号。

店大量销售带有 CK、CALVIN、Calvin Klein Jeans 等标识服装的行为,侵犯了原告的注册商标专用权;且原告诉三家天猫网店侵害其商标专用权系列案件中,其中一家为被告自营,其余两家由被告提供发票,网店页面设计雷同,并在网店首页醒目位置使用原告商标,因此,法院认定被诉三家网店侵权行为恶意明显,适用惩罚性赔偿原则,全额支持了原告诉请,判令被告厦门某电子商务有限公司等停止侵权并赔偿原告经济损失共计人民币 210 万元。该案中,被告通过自营网店大量销售侵犯原告注册商标专用权的商品,并在网店首页醒目位置使用原告商标,同时还为另外两家网店销售侵权商品提供发票,"傍名牌"的侵权行为恶意明显,法院通过适用惩罚性赔偿原则,判令被告承担较高数额的赔偿责任,有力地保护了商标权人的合法权益。同时,对与消费者权益密切相关的网店销售依法有序经营起到了规范和引导作用。但是,该案判决书并未说明原告是否主动要求适用惩罚性赔偿,不能不说是该案的一个瑕疵。

惩罚性赔偿申请提出的时间,应当限定在一审辩论终结前。如果权利人未在提起诉讼时要求侵权人承担惩罚性赔偿责任,那么其在之后提出惩罚性赔偿的申请,都应视为诉讼请求的增加。而根据我国民事诉讼法,诉讼请求的增加应当在一审辩论终结前提出。因此,在我国,惩罚性赔偿申请提出的时间应当限定在一审辩论终结前。

另外,仅包含补偿性赔偿的判决生效后,权利人另行起诉要求侵权人承担惩罚性赔偿,法院应驳回其起诉。这是因为,惩罚性赔偿与补偿性赔偿均是基于同一事实、同一法律关系,根据民事诉讼法"一事不再理"的原则,著作权人无权就惩罚性赔偿再次提起诉讼。

第八节 确定惩罚性赔偿的基数及考虑的因素

一、惩罚性赔偿的基数

在判定侵权人以营利为目的故意侵犯他人知识产权,且侵权行为属于前述适用惩罚性赔偿的范围,应以已经证明的权利人损失、侵权人获利或合理许可费为基础,并考虑侵权人的主观恶性、侵权后果的严重程度、侵权人是否采取补救措施、侵权人在诉讼中的行为等因素确定惩罚性赔偿的数额。如前所述,惩罚性赔偿的幅度为不超过权利人已经证明的实际损失、侵权人获利或合理许可费的三倍。如法院判决侵权人承担惩罚性赔偿,则侵权人不应再承担补偿性赔偿,但权利人为制止侵权行为所支付的合理费用除外。

二、确定惩罚性赔偿考虑的因素

法院在决定侵权人应当承担何种程度的惩罚性赔偿,即决定在权利人损失、侵权人获利或合理许可费的基础提高多大比例的赔偿的时候,至少应当将下列因素纳入考虑范围。

(一)侵权人的主观恶性

在民事赔偿制度中大都采取补偿性原则,侵权人承担的赔偿数额通常与侵权人的主观过错无关,而是由权利人的损失大小决定的。这是由补偿性赔偿的本质所决定的,补偿性赔偿的目的在于弥补权利人的损失。惩罚性赔偿与补偿性赔偿则有所不同,其作为补偿性赔偿的补充手段,除了具备弥补权利人损失的功能之外,其主要目的还在于通过惩罚侵权人而遏制侵权行为的发生。既然惩罚性赔偿具有惩罚功能,侵权人的主观恶性就应当是决定赔偿数额的重要因素之一。侵权人的主观恶性越大,对之施加的惩罚就应越重,如此才能更好地实现惩罚性赔偿的惩罚功能。如前所述,故意是适用惩罚性赔偿的构成要件之一,但不同的故意也表现了侵权人的主观恶性不同。审判实践中,侵权人主观恶性往往要结合侵权行为进行判断。

(二)侵权的客观表现

根据商标法的规定,惩罚性赔偿适用的应当是情节严重的侵权行为。侵权行为不仅要求行为人主观上具有恶意,客观上还要造成情节严重的后果。对于"情节严重"的理解,可以考虑以下几种情形。

1. 侵权行为有无造成恶劣影响。

一般来说,侵权行为涉及食品、药品等涉及民生安全的商品,侵权商品极有可能对人身健康、生命安全造成影响。

在宜宾五粮液股份有限公司诉佛山市银濠假日酒店有限公司、喻某某侵害商标权纠纷案中❶,法院经审理查明:多年以来,"五粮液"品牌获得"巴拿马国际博览会金奖""中国驰名商标""中华老字号""中国名酒""国际名牌""国家金质奖"等多项荣誉称号,五粮液集团公司的营业额及销售额连续多年名列中国白酒行业第一位。2010年9月15日,经北京名牌资产评估有限公司评估,"五粮液"品牌价值人民币526.16亿元,居全国白酒制造业第一位。2011年5月25日,黔台酒行与银濠假日酒店中餐部签订协议书,约定由黔台酒行向银濠假日酒店提供酒水,合同期限由2011年5月25日至2011年12月30日止。2012年1月1日,黔台酒行与银濠假日酒店签订酒水供销合同,约定由黔台酒行向银濠假日酒店供应酒水,黔台酒行保证提供的产品为正规品牌并提供酒水相关合法经营的文件,如因黔台酒行所供的酒水被执法部门认定为假酒而使银濠假日酒店受到处罚,由黔台酒行承担全部责任并终止合同。2012年1月,黔台酒行向银濠假日酒店销售39°五粮液六支、轩

---

❶ 佛山市禅城区人民法院(2013)佛城法知民初字第106号。

尼诗 XO 两支。法院经审理认为,该案属侵害商标权纠纷。五粮液股份有限公司根据商标权人五粮液集团公司的授权,取得 160922 号商标的独占使用许可权及第 1207092 商标的普通使用许可权,依法应予保护,有权以自己的名义起诉侵犯上述注册商标专用权的行为。银濠假日酒店提供的协议书、酒水供销合同与送货单,已经形成了一条完整的证据链,足以证明银濠假日酒店销售的侵权商品来源于喻某某经营的黔台酒行,且喻某某亦当庭承认了上述事实,故法院认定,银濠假日酒店销售的侵权商品有合法来源。至于喻某某有关其销售给银濠假日酒店的侵权商品亦有合法来源的主张,喻某某并未举证证明酒类流通随附单及商品销售单上记载的交易曾经真实发生,亦无法明确指出销售给银濠假日酒店的侵权商品具体来源于哪个供货单位,故喻某某的合法来源主张因缺乏事实和法律依据,不予支持。因银濠假日酒店的合法来源抗辩成立,故依法无须承担赔偿责任。喻某某销售了侵权商品且无合法来源,依法应承担停止销售并销毁库存侵权商品、赔偿损失的法律责任。关于赔偿损失数额问题,《中华人民共和国商标法》第56条第1款、第2款规定:"侵犯注册商标专用权的赔偿数额,为侵权人在侵权期间因侵权所获得的利益,或者被侵权人在被侵权期间因被侵权所受到的损失,包括被侵权人为制止侵权行为所支付的合理开支。前款所称侵权人因侵权所得利益,或者被侵权人因被侵权所受损失难以确定的,由人民法院根据侵权行为的情节判决给予五十万元以下的赔偿。"由于五粮液股份有限公司未能举证证明喻某某的侵权获利情况,也不能证明五粮液股份有限公司因侵权所受的损失,由法院根据喻某某侵权行为的性质、期间、后果,结合涉案商标的声誉及五粮液股份有限公司制止侵权行为的合理开支等因素确定赔偿数额。鉴于销售侵犯他人注册商标专用权的酒类商品,对公众生命健康安全存在重大威胁,且被侵权商品的单价及品牌知名度较高,若赔偿数额过低,不足以保障广大消费者及商标权人的合法权益,故法院综合该案案情酌情确定赔偿数额为4万元。对超出该部分的诉讼请求,法院不予支持。至于赔礼道歉的诉讼请求,法院认为,五粮液股份有限公司未提供证据证实银濠假日酒店、喻某某的侵权行为对其商誉造成损害,故对于五粮液股份有限公司要求侵权人就侵权行为在《南方都市报》上刊登公告、消除影响的诉讼请求,不予支持。该案中,鉴于销售侵犯他人注册商标专用权的酒类商品,对公众生命健康安全存在重大威胁,因此属于情节严重的侵权行为。

2. 被告是否存在重复侵权行为。

所谓重复侵权,主要指侵权行为被行政处罚或法院判决后再次实施侵权行为。

在斑马株式会社与上海高奇文具有限公司、翁某某侵害商标权纠纷一案中❶,经法院查明,2011年6月13日,上海市闵行区质量技术监督局出具《行政处罚决定书》1份,行政相对人为上海市闵行区奇的文具经营部(以下简称"奇的文具经营部"),地址为闵行区七宝镇九星村停车场路文具礼品区D区21、25号;2011年5月6日,执法人员在奇的文具经营部查获正在销售的带有"ZEBRA""JAPAN"及"日本斑马株式会社""日本东京都新宿区东五轩町2番9号"的记号笔10 800支,经日本斑马株式会社委托的代理人上海骏麒商标代理有限公司(以下简称"骏麒公司")鉴定,该产品系冒用日本斑马株式会社厂名、厂址的产品。决定给予下列处罚:①责令停止销售冒用日本斑马株式会社的记号笔;②没收违法销售的记号笔10 800支;③罚款2700元。2011年9月2日,原告以被告翁某某、上海高奇文具公司侵害其商标权为由提起诉讼。在审理中,因各方当事人均愿意协商解决,当事人自愿达成如下协议。上述调解书生效之后,原告发现被告又在销售侵害其商标权的"斑马"文具,2013年1月4日,上海市工商行政管理局闵行分局出具《行政处罚决定书》1份,决定处罚如下:①没收并销毁假冒侵权"ZEBRA"商标的记号笔、白

❶ 上海市闵行区人民法院(2014)闵民三(知)初字第413号。

板笔618支;②罚款500元。关于赔偿损失。法院认为,鉴于原告没有提供充分证据证明被告侵权造成原告的损失额,也没有充分证据证明被告翁某某侵权的获利额,故法院综合考虑涉案注册商标的知名度,及被告侵权行为的性质、侵权方式、过错程度、侵权产品的销售价等案情,酌定赔偿的数额。由于公证原告购买涉案侵权商品的上述第3422号公证书存在一定的瑕疵,公证书称购买了三盒单头笔,但封存的却只有两盒,而封存的送货单上也未注明单头笔的数量和单价,故法院参考被告的陈述及被告销售的其他笔的价格在确定赔偿额时予以酌定。同时,由于被告翁某某系再次销售侵害原告商标权的笔,故法院依法在按前述原则酌定赔偿额的基础上,再行考虑给予被告一定的惩罚,被告需加倍赔偿原告的损失。据此,法院判决被告翁某某赔偿原告斑马株式会社经济损失人民币14 000元。

该案属于重复侵权的典型案例。被告因侵犯原告商标权,被行政机关依法处罚。因被告再次侵权,原告诉至法院。在法院的调解下,双方达成和解协议,被告承诺停止侵权,并当庭赔礼道歉。被告再次实施侵权行为,主观恶意明显,法院据此决定对法定酌定赔偿额的基础上,再行考虑给予被告一定的惩罚,判决被告加倍赔偿原告的损失。

3. 侵权后果的严重程度。

侵权后果的严重程度,主要是指一些侵权行为不仅给权利人造成了较大的损失,而且给权利人对其知识产权的利用甚至是权利人的生产经营造成了严重妨碍。一些知识产权权利人,特别是一些经济条件有限的权利人,在其知识产权受到侵害时,侵权行为对其造成的损害甚至可能是难以承受的。一些规模较小的企业,一旦遭受严重的侵权,可能就会导致其关张。比如同样是损失1万元,对于只有1万元的权利人来说就是损失了全部,而对于拥有1000万元的权利人来说损失可能是忽略不计的。再比如,如果侵犯的商标是为相关公众所熟知的商标,也容易给商标权人造成恶劣影响。

东莞市糖酒集团美宜佳便利店有限公司(以下简称"美宜佳公司")诉李某某侵害商标权纠纷案中❶,原告美宜佳公司诉称,原告是第1357301号、第1357302号商标的专用权人。其中第1357302号商标更于2008年2月22日获得广东省著名商标称号。被告在未获得原告授权或许可的情况下,在东莞市长安红雨日用品店的招牌、门口玻璃、货物展架、名片等多处地方使用"美宜佳"标识误导消费者,侵权情节严重,主观恶意性强。被告的行为不仅误导消费者,还对其旁边的第8215号正牌美宜佳加盟店(地址为海怡路2号)造成了严重影响。经审理,法院认定案涉被控侵权商标侵犯了原告享有的注册商标专用权。法院认为,红雨日用品店使用案涉侵权商标侵犯了原告的注册商标专用权,被告李某某作为该日用品店经营者,依法应承担停止侵权、赔偿损失的责任。原告请求确认被告存在商标侵权行为,并判令被告停止侵权行为,法院依法予以支持。至于赔偿损失部分,由于原告因侵权所受损失、被告因侵权所获收益无法查明,故依据《中华人民共和国商标法》(2013年修正)第63条及《最高人民法院关于审理商标民事纠纷案件适用法律若干问题的解释》第16条第2款的规定,法院在判定赔偿数额时综合考虑下列因素:①原告案涉注册商标知名度较高,已被认定为广东省著名商标;②红雨日用品店的成立时间、规模及经营范围;③美宜佳公司对该案支付了公证费、晒相费,应予以支持,对于美宜佳公司主张的律师费,原告提供了代理合同及3000元的律师费发票,法院在合理范围内予以支持。④红雨日用品店开设在原告的正规加盟店隔壁,侵权恶意明显,且在接到原告律师函后仍未停止侵权行为,情节严重,法院依法对其适用惩罚性赔偿。综上,酌情判令被告李某某赔偿原告美宜佳公司包括维权合理开支在内的经济损失50 000元。

4. 侵权人与权利人是否存在合作关系。

在原告法雷奥汽车零部件贸易(上海)有限公司(以下简称"法雷奥")与

---

❶山东省青岛市人民法院(2015)青知民初字第9号。

被告上海竞合国际贸易有限公司侵害商标权纠纷一案中❶,法雷奥(甲方)与被告上海竞合国际贸易有限公司(乙方)先后订立了2012年度法雷奥经销商返利奖励协议和2013年度法雷奥经销商返利奖励协议,约定了在年度内乙方作为经销商,从甲方采购法雷奥产品,完成当年当季销售指标(2012年200万元、2013年100万元)的,甲方视不同情况给予返利奖励等内容,并约定乙方有"掺杂假冒,非正宗甲方产品进行销售"违规经营行为的,甲方有权拒绝支付任何奖励。双方还订立了2013年分销协议,约定被告作为经销商在上海区域内分销法雷奥产品,商定有"经销商应尊重并保护法雷奥的注册商标,严禁制造、采购及销售假冒的法雷奥产品,向法雷奥通报任何假冒协议产品的活动,并积极配合法雷奥开展打假活动"的条款。2013年10月17日,上海市工商行政管理局闵行分局对被告租用的位于上海市闵行区澄江路×××号×××幢的仓库和办公场所进行执法检查,查获并扣押了库存待售的带有"Valeo"标识的无独立包装的起动机200个,有绿色独立包装的发电机5个和有绿色独立包装的起动机10个。通过照片显示,无独立包装的起动机产品上有标识,有独立包装的起动机和发电机的外包装上有标识。经商标权利人的代理人鉴定,上述215件商品均为假冒产品。被告的法定代表人在接受调查时承认无独立包装的起动机在进货时明知不是正品,以单价230元(正品单价365元)销售;有独立包装的15件商品进货时不知是侵权产品,故以正品相同的单价420元销售。2013年12月5日,该局作出行政处罚决定书,责令上海竞合国际贸易有限公司立即停止侵权行为、没收侵权商品并罚款人民币11万元。

①关于原告上述注册商标的知名度。自原告1994年进入中国市场以来,通过原告自身推广和大量媒体报道,对原告及关联公司、原告的产品和品牌进行了广泛的宣传,在行业内享有较高的知名度和影响力。法院认为,

---

❶佛山市禅城区人民法院(2013)佛城法知民初字第106号。

原告所主张的注册商标显著性较高,为相关公众所知悉,在行业内的认知度较高。关于被告是否存在知假而售假的主观明显恶意。法院认为,被告系专业汽车零配件销售商,作为原告品牌在上海区域的分销商,应当已全面了解原告的品牌,一定程度上具有判断产品真伪的能力,且明知销售正牌商品的进货渠道。该案中,被告违反分销协议的约定,知假售假,亦未提供被控侵权商品的合法来源。法院认为,被告明知是假冒注册商标的商品仍予以销售,主观上具有一定的恶意。被告作为原告品牌商品的经销商,销售涉案侵权商品,迷惑性更强,更容易导致购买者对商品品牌的混淆,具有相当大的危害性。②关于赔偿金额。因双方当事人均未对原告因侵权行为所遭受的损失及被告因销售侵权商品所获利益提供证据,故法院综合考虑以下因素酌定赔偿数额:原告商标的知名度及商业价值;被告的经营规模;被告侵权行为的性质及过错程度;侵权商品的价值;以及危害程度等因素。被告实施被控侵权行为,主观上具有恶意,原告要求适用惩罚性赔偿,法院予以一定考虑。原告主张为该案支出前期的调查费、律师费等,由于原告未提供相应证据,法院将根据该案的案情、诉讼标的、前期调查的工作量、律师收费标准及工作量等因素酌情予以支持。法院判决,被告上海竞合国际贸易有限公司于判决生效之日起十日内赔偿原告法雷奥经济损失人民币120 000元及合理开支人民币30 000元。

5. 侵权行为生产规模、持续时间、涉及地域范围。

侵权产品生产与销售规模越大、侵权作品传播范围越广,给权利人造成的损害越大,判决的惩罚性数额应该越高。在判断生产与销售规模时,可以参考以下因素。一是工商等知识产权行政管理部门做出的行政处罚决定书中认定的侵权产品生产、经营情况,行政管理部门证明力也比较强,可以作为参考因素之一。二是侵权行为的组织化程度。一般来说,个体工商户的组织化程度较低,经营规模小于法人或其他组织。故对被告为个体工商户的案件的判赔数额一般低于被告为企业法人或其他组织的案件的判赔数额。三是侵权人的注册资本。侵权人的注册资本与侵权人的生产经营能力相关联,是侵权行为开展的物质基础,在一定程度上,注册资本的多少与侵权规模的大小有关系。四是涉案商品性质。一般情况下,花露水、杀虫剂、拖把等日常用品侵权规模有限,造成权利人的损害也不大,故而法院对被控侵权产品为日常用品且销售价格较低的侵权行为的判赔数额应该较低。侵权行为持续时间,侵权行为的持续时间一定程度上可以反映损害后果的严重程度。一般而言,侵权持续时间越长,造成的社会影响越大。反之,侵权时间越短,造成的社会影响越小。同理,侵权范围越广,损害后果往往也越严重。

宝马股份公司(以下简称"宝马公司")诉广州世纪宝驰服饰实业有限公司(以下简称"世纪宝驰公司")侵害商标权及不正当竞争纠纷案中,北京市高级人民法院二审认为,世纪宝驰公司在其生产的服装及宣传中突出使用与宝马公司的注册商标相近似的被诉侵权标识,侵犯了宝马公司的商标专用权;其在服装吊牌等处使用"德国世纪宝马集团股份有限公司"企业名称的行为违背诚实信用和公认的商业道德,意在利用宝马公司的商誉牟取非法利益,构成不正当竞争。宝马公司提交的证据足以证明世纪宝驰公司侵权的主观恶意明显,侵权时间长、范围广、获利巨大,远远超过人民币200万元,侵权情节极其严重,加之宝马公司的涉案注册商标具有较高的知名度,宝马公司为制止侵权行为亦支付了合理费用。为保障权利人合法权益的充分实现,加大侵权代价,降低维权成本,对宝马公司关于损害赔偿的诉讼请求予以全额支持。据此,判决被告停止侵权、消除影响、赔偿经济损失人民币200万元。同时,针对世纪宝驰公司的恶意侵权行为,对其处以罚款人民币10万元的民事制裁,并向国家工商行政管理总局发出司法建议,建议其对侵权行为进行全面查处。2013年初,国家工商总局发出专门通知,要求全国各地工商部门调查处理涉嫌侵犯宝马公司相关注册商标专用权的行为,各地工商局随即对涉及侵犯宝马公司商标权的傍名牌仿冒活动进行了全面调查和处理。

该案是人民法院依法加大恶意侵权行为惩处力度的典型案例。首先,在赔偿数额的确定方面,在现有证据证明侵权人的侵权获利远远超出商标法规定的50万元法定赔偿最高限额和权利人索赔请求的情况下,考虑到侵权人属于组织化的大规模侵权、主观恶意明显、侵权时间长、范围广、获利巨大等因素,二审法院没有采取法定赔偿的方式确定损害赔偿数额,而是根据案件具体情况运用裁量权酌定赔偿数额,全额支持了权利人的诉请。其次,在加大侵权代价方面,根据该案侵权人有组织、规模化恶意侵权的实际情况,在行政机关未进行过行政处罚的情况下,本着加大惩处力度的精神,二审法院依法对侵权人采取民事制裁措施。最后,审理法院结合在案件审理中发现的其他未经处理的侵权行为,向有关部门发出司法建议,提出相应的处理方案,工商部门根据该司法建议积极行动,切实打击了恶意侵权行为,取得了良好的社会效果。

6. 侵权环节的影响。

侵权环节确是法院在确定赔偿数额时需要考量的一个重要因素。侵权人在实施侵权行为过程中扮演的角色和所起的作用不同,侵权行为产生的损害后果及社会影响也会有所差别。在确定惩罚性赔偿数额时,法院要注重考虑侵权者是"源头"的侵权者还是"终端"的侵权者。一般情况下,源头侵权(生产、批发)给权利人造成的损失较大、侵权人本身获利较多,故源头侵权类案件判赔数额应该相对较高。终端侵权(零售)经营者对产品的真伪辨识能力较差,相较于源头侵权造成权利人的损害并不大,获利较小,故而法院判赔数额应相对较低。

第九节　知识产权惩罚性赔偿适用的证据问题

一、证据披露与举证妨碍制度

(一)证据披露

证据披露,也称证据开示、证据展示(discovery,disclosure),源自16世纪下半期英国衡平法实践。根据《布莱克法律辞典》的定义,证据披露是一种审判前的程序和机制,用于诉讼一方从另一方获得与案件有关的事实情况和其他信息,从而为审判作准备。

一般来说,应遵循谁主张谁举证的基本原则。当待证事实处于真伪不明的状态时,法院应该遵循证明责任规范,判决对待证事实负举证责任的当事人承担举证不能的不利后果。但有时也存在以下情况,负有举证责任的当事人已经努力搜集证据,只有由于不负举证责任的当事人违反诚实信用原则实施妨害当事人举证的行为,致使相关事实难以查明。此时,如果机械使用举证责任规则做出不利于负有举证责任的当事人的判决,对负有举证责任的当事人来说是不不公平的。因此,有必要设立证据开示制度,避免损害一方当事人的利益。

我国现行法律中并没有证据开示的明确规定,但是《民事诉讼法》《最高人民法院关于民事诉讼证据的若干规定》等相关规定,有相似的制度规范。《民事诉讼法》第13条规定,民事诉讼应当遵循诚实信用原则。第64条第1款规定,当事人对自己提出的主张,有责任提供证据;第2款规定,当事人及其诉讼代理人因客观原因不能自行收集的证据,或者人民法院认为审理案件需要的证据,人民法院应当调查收集。《最高人民法院关于适用〈中华人民共和国民事诉讼法〉的解释》第112条规定,书证在对方当事人控制之下的,承担举证证明责任的当事人可以在举证期限届满前书面申请人民法院责令对方当事人提交。申请理由成立的,人民法院应当责令对方当事人提交,因提交书证所产生的费用,由申请人负担。对方当事人无正当理由拒不提交的,人民法院可以认定申请人所主张的书证内容为真实。

关于证据披露的范围,《最高人民法院关于民事诉讼证据的若干规定》第17条规定,当事人可以申请法院调查收集以下证据:属于国家有关部门保存并须法院依职权调取的档案材料;涉及国家秘密、商业秘密、个人隐私的材料;当事人及其诉讼代理人确因客观原因不能自行收集的其他材料。上述规定进一步明确了《民事诉讼法》第64条第2款规定的当事人由于客观原因不能自行收集因此可以申请法院调查收集的证据范围。

关于负有证据披露义务的主体,《民事诉讼法》第67条第1款规定,人民法院有权向有关单位和个人调查取证,有关单位和个人不得拒绝。据此,负有披露证据义务的主体既包括诉讼当事人,也包括持有证据的案外人。

识产权客体具有无形性的特征,当事人经常因客观原因无法收集到证明实际损失或侵权获利数额的证据。针对知识产权侵权诉讼的特点,可以结合"谁主张,谁举证",积极试行证据披露制度。2013年修订的《商标法》第63条第2款规定,人民法院为确定赔偿数额,在权利人已经尽力举证,而与侵权行为相关的账簿、资料主要由侵权人掌握的情况下,可以责令侵权人提供与侵权行为相关的账簿、资料。《最高人民法院关于审理侵犯专利权纠纷案件应用法律若干问题的解释(二)》第27条规定,权利人因被侵权所受到的实际损失难以确定的,人民法院应当依照专利法第65条第1款的规定,要求权利人对侵权人因侵权所获得的利益进行举证;在权利人已经提供侵权人所获利益的初步证据,而与专利侵权行为相关的账簿、资料主要由侵权人掌握的情况下,人民法院可以责令侵权人提供该账簿、资料。

2015年,最高人民法院向全国人大常委会报告关于专利法执法检查报告中提出,为解决"举证难"等问题,要建立知识产权诉讼证据开示制度。建议借鉴国外经验,在立法层面建立知识产权诉讼证据开示制度,设置完整的程序和规则,赋予当事人披露相关事实和证据的义务,明确法律责任,确保最大限度查明案件事实,这是解决举证难的根本途径。北京知识产权法院院长宿迟则表示,目前北京市知识产权法院在几个案件中已经开始试行证据开示制度,一旦这一制度探索出具体的规则,将对解决赔偿问题和制止侵权起到非常大的作用。

1.证据披露的启动程序。

在实际损失或侵权获利数额的查明上适用证据披露,有意见认为,无论当事人是否提出申请,法院可以依职权启动。笔者认为,正是由于当事人经常因客观原因无法收集到证明实际损失或侵权获利数额的证据,才有必要通过证据披露制度赋予当事人权利,由其申请持有证据人将与查明实际损失或侵权获利数额相关的证据全部予以披露,使当事人获得的救济途径更加广泛。但是,证据披露制度毕竟属于法院以公权力介入民事诉讼的证据收集程序,无论从民事权利的自由处分原则出发,还是从法院审理案件的现实需要和工作量出发,都需要考虑当事人的主观愿望、诉讼请求以及法院的审判资源现状和可操作性。因此,证据披露制度应当兼采当事人主义和职权主义的优点,在处理当事人双方的利益时做到公平合理。将证据披露的启动程序确定为:在知识产权侵权案件受理后,法院应当明确向当事人释明证据披露制度的具体含义、要求及法律后果,证据披露必须依当事人申请启动,当事人可以在一审或二审期间向法院提出申请,法院不适宜依职权启动。

2.法院对证据披露申请的审查。

对于一方当事人请求向另一方当事人及其诉讼代理人或案外有关单位和个人调取证据的申请,法院应当依法进行审查。

审查的首要条件是考虑被告的行为是否构成侵权并需要承担赔偿责任的可能性。经初步审查,若存在涉案权利已被宣告无效、侵权明显不成立、被告明显可以免予承担赔偿责任等情形,法院可以考虑不同意证据披露的申请。

在审查中,法院根据公司法、会计法、审计法、税法等相关法律和行政法规的规定,以及商业惯例和日常生活经验法则,综合判断被申请人是否持有或者应当持有申请人请求调取的证据,并通过发出《调取证据令》等形式责令被申请人提交证据,提交证据的期限不得多于五个工作日,自被申请人收到法院责令的次日起计算。例如,原告向人民法院申请调取被告的财务账册,被告如果系有限责任公司的,根据公司法的相关规定应当建立真实、完备的财务账册,被告当然负有披露该等证据的义务;如被告为个体工商户的,由于法律没有强制其建立财务账册的义务,在日常生活中个体工商户经营者建立完备财务账册进行规范经营的情况较少,由此可以认定被告并未实际也不应当持有申请人请求调取的证据。

(二)举证妨碍

所谓举证妨碍制度是指当不负有证明责任的一方当事人通过作为或者不作为阻碍负有证明责任的一方当事人对后者所主张的事实进行证明时,行为人应为其妨碍行为承担相应后果的一种诉讼制度。

1. 举证妨碍的构成要件。

《与贸易有关的知识产权协议》(Trips协议)第43条是有关举证妨碍规则的规定。Trips协议第43条规定:①若一方当事人提交的、其能够合理获取的证据足以支持其主张,并向司法当局指明了与实现其主张相关联的、由对方当事人控制的证据,则司法当局在确保秘密信息受到保护的前提下,应有权责令对方当事人出示上述证据:②若一方当事人无正当理由自愿拒绝接受,或者在合理期限内不提供必要信息,或者严重阻碍执法程序的进行,司法当局可以现有信息包括因此受到不利影响的当事人的陈词为依据。在保证当事人的陈词或证据得以听证的前提下,有权做出初步的或者终局性裁决,此种裁决可以是肯定性的,也可是否定性的。

我国最高人民法院证据规定第75条规定,在知识产权侵权诉讼中,当被诉侵权人以作为的方式故意毁灭、损坏证据等或以不作为的方式无正当理由拒不提供与实际损失或侵权获利相关的证据,法院应依法审查被诉侵权人是否构成举证妨碍。举证妨碍的构成要件如下:

(1)权利人已经尽力举证。2013年《商标法》规定的条件为"权利人已经尽力举证"。根据谁主张谁举证的基本原则,提供权利人损失或侵权人违法所得的证据的责任主要由权利人承担。其有别于举证责任的倒置或转移,也就是说无论被申请人是否披露证据,证明实际损失或侵权获利的举证责任应归属于原告权利人,不会因此发生倒置或转移的情形。因此,权利人主张适用举证妨碍规则,应该由其尽力举证。只有在权利人尽力举证仍无法查明待证事实的前提下,才有必要适用举证妨碍制度。

(2)与侵权行为相关的账簿、资料主要由侵权人掌握。最高人民法院在解释《民诉解释》第112条时指出,承担举证责任的当事人需要提供证据证明书证被对方当事人控制的事实,或者提出理由或证据揭示对方的当事人负有法定、约定或者依习惯保存、保管证据的义务。[1]在判断与侵权行为相关的账簿、资料是否主要由侵权人掌握时,主要有以下两种方法:第一种方法是,权利人可以提供证据证明侵权人实际掌握与侵权行为相关的账簿、资料。第二种方法是,权利人提出理由或者证据说明侵权人负有法定、约定或者依习惯保存、保管与侵权行为相关的账簿、资料的义务,从而认定侵权人

---

[1] 上海市闵行区人民法院(2014)闵民三(知)初字第413号民事判决书。

掌握与侵权行为相关的账簿、资料。❶

（3）被诉侵权人实施了妨碍行为，包括以作为或者不作为的方式违反披露义务和保管义务。当法院经审查认为被控侵权人负有披露义务，应当披露涉及被控侵权人获利状况的证据，但被控侵权人通过积极行为或消极行为不履行披露义务，或者故意造成披露的证据不真实、不完整，构成举证妨碍，应承担相应的法律后果。如权利人请求法院对被控侵权人的财务账册、电脑硬盘中的财务数据、产品库存量等进行证据保全，而被控侵权人阻挠、抗拒、破坏法院的调查或者保全措施的，可以视为被控侵权人持有不利于自己的证据但拒绝提供，则可结合有关情况推定权利人关于损害赔偿数额的诉请成立。同时，若有证据证明被控侵权人向法院提交残缺、虚假的财务账册的，也应视为被控侵权人隐匿了对自己不利的真实证据，构成举证妨碍。❷

（4）被诉侵权人在实施具体妨碍行为时主观上存在过错，包括故意或过失。在此，我们之所以认为被诉侵权人的过失仍然可能构成举证妨碍的，是因为证据规定第75条规定了一方当事人持有证据"无正当理由"拒不提供将构成举证妨碍。当被诉侵权人已经知道自己存在构成侵权的可能，被诉侵权人就产生了妥善保管证据的注意义务，若此时被诉侵权人仍由于疏忽大意或者过于自信等意志因素导致证据灭失或者处于无法使用的状态，则构成"无正当理由"拒不提供证据的举证妨碍。

2. 举证妨碍的后果。

法院认定被告存在举证妨碍的情形后，被告应当承担相应的不利后果。这些不利后果包括以下内容。

（1）推定权利人主张成立。

在侵权人拒不提供财务账簿的情况下，原告依据反映被告经营状况，经

---

❶广东省东莞市第二人民法院(2014)东二法知民初字第356号民事判决书。

❷上海市闵行区人民法院（2015)闵民三(知)初字第164号民事判决。

营规模的账簿、资料等对其获利额的估算,法院予以认可。

在山东九阳小家电有限公司(以下简称"九阳公司")、王旭宁诉上海帅佳电子科技有限公司(以下简称"帅佳公司")、慈溪市西贝乐电器有限公司(以下简称"西贝乐公司")、济南正铭商贸有限公司(以下简称"正铭公司")发明专利侵权纠纷一案中,法院直接推定权利人的主张成立。1999年6月1日,就其"智能型家用全自动豆浆机"向国家知识产权局申请发明专利,于2001年12月5日获得授权:专利号ZL99112253.4,授权公告号CN1075720C,专利权人王旭宁。2001年12月8日,王旭宁与九阳公司签订一份专利实施许可合同,王旭宁将上述专利在全国范围内独家许可九阳公司实施,许可期限同于专利有效期,许可费为300万元。双方已将该合同在国家知识产权局进行了备案。原告认为被告侵犯其专利权,向法院提起诉讼。

一审诉讼中,九阳公司与王旭宁申请证据保全,请求对帅佳公司和西贝乐公司生产、销售被控侵权产品的账册进行保全,济南市中级人民法院依法裁定准许。一审法院在向两被告送达该裁定并予以执行时,两被告拒绝提供。经审理,济南市中级人民法院认为被告侵权成立。

有关该案的赔偿数额问题,一审法院认为:九阳公司和王旭宁要求帅佳公司和西贝乐公司共同赔偿经济损失300万元,帅佳公司和西贝乐公司抗辩该项请求无事实依据。依照最高人民法院法释〔2001〕33号《关于民事诉讼证据的若干规定》第75条的规定,有证据证明一方当事人持有证据无正当理由拒不提供,如果对方当事人主张该证据的内容不利于证据持有人,可以推定该主张成立。诉讼中,原审法院依法裁定对帅佳公司和西贝乐公司生产、销售被控侵权产品的账册进行证据保全,但两被告拒绝提供,故推定九阳公司和王旭宁要求帅佳公司和西贝乐公司赔偿经济损失300万元的主张成立,予以支持。

帅佳公司和西贝乐公司不服一审判决,共同提起上诉。其上诉理由为:

关于赔偿数额问题,一审判决缺乏充分的证据支持。在该案中,两被上诉人选择以专利许可使用费作为赔偿依据,并为此提供了专利实施许可合同及备案证明作为证据,上诉人认为该组证据不具有证明力。第一,两被上诉人存在密切的利害关系,王旭宁原系九阳公司股东,曾任董事长,现为董事;第二,国家知识产权局对涉案专利的许可使用进行备案登记仅仅起到公示作用,并不对相关的许可使用费进行审查;第三,两被上诉人未提供证据证明已经按合同约定支付了许可使用费;第四,两被上诉人之间签订的专利实施许可合同书内容与备案证明内容不能印证。一审法院针对此争议,庭后去国家知识产权局进行核实并查明二者一致的做法违反了法定程序,超越了人民法院依职权调查收集证据的范围。第五,一审判决推定两被上诉人的赔偿主张成立是错误的。两被上诉人主张的是以许可使用费为依据,没有以上诉人的侵权获利作为赔偿依据,因此保全上诉人的账册与其请求无关。经审理,二审法院维持一审判决。山东省最高人民法院认为:关于一审法院确定的损害赔偿数额是否适当的问题。涉案专利技术系被上诉人王旭宁多年研发的技术成果,凝结了被上诉人大量的心血以及大量的人力和财力,对于被上诉人九阳公司来说,涉案专利技术是企业的核心与关键技术,是被上诉人九阳公司赖以生存和发展的基础,也是被上诉人获得企业利润的主要来源。而对两上诉人来说,其使用涉案专利技术所获得的非法利益是明显和巨大的,这一点单单从其自身网站上所载明的一年的营业额宣传就可以得出结论。同时,上诉人虽然对两被上诉人之间的专利许可合同持有异议,但没有证据表明被上诉人王旭宁与九阳公司之间的专利许可合同以及专利许可费的数额是不客观的。另外,在一审法院要求上诉人提供有关财务账册的情况下,上诉人拒不提供,从而亦不能证明上诉人关于其未获利的主张。考虑上述综合因素,一审法院依据最高人民法院有关司法解释推定被上诉人关于300万元的损失主张成立并无不当,所确定的300万元损失数额并非过高。上诉人主张一审法院确定的损害赔偿数额不当,但在二审期间却不提供任何相关证据加以证明,因此其该项上诉主张亦不能成立,法院不予支持。

(2)根据涉案知识产权的特点,做出其他不利于侵权人的推定。

涉案知识产权产品的市场价值,一般情况下知识产权人、侵权人甚至同业的经营者会有一个合理的预测。因此,在侵权人拒不提供其会计账簿的情况下,可以结合涉案知识产权的特点,对其市场价值进行一个推算,从而确定侵权人应承担的赔偿数额。❶

在珠海格力电器股份有限公司(以下简称"格力公司")诉广东美的制冷设备有限公司(以下简称"美的公司")、珠海市泰锋电业有限公司侵害专利权纠纷案中,法院适用证据披露和举证妨碍确定赔偿额,结合原告提交的相关证据综合认定,合理认定侵权损害赔偿数额。

该案中,格力公司以美的公司制造、珠海市泰锋电业有限公司销售的"美的分体式空调器"侵犯其"控制空调器按照自定义曲线运行的方法"发明专利权为由,向广东省珠海市中级人民法院起诉,请求判令两被告停止侵权行为、赔偿损失以及因调查、制止侵权行为所支付的合理费用。诉讼过程中,根据格力公司申请,原审法院依法责令美的公司提供格力公司诉称的20款涉嫌侵犯发明专利权的空调器产品的具体销售数量、销售金额、利润等数据。在原审法院指定的期限内,美的公司仅提供了型号为KFR-26GW/DY-V2(E2)分体机的相关数据(生产销售起止时间:2008年4月8日至2010年9月18日;数量:11 735台;利润:477 000元)。

一审法院认为,包括型号为KFR-26GW/DY-V2(E2)空调器在内的四种型号的空调器产品,在"舒睡模式3"运行方式下的技术方案属于涉案发明专利权的保护范围。由于美的公司生产销售KFR-26GW/DY-V2(E2)空调器起

---

❶沈德咏.最高人民法院民事诉讼法司法解释理解与适用[M].北京:人民法院出版社,2015:372.

止时间为2008年4月8日至2010年9月18日，根据《最高人民法院关于审理侵犯专利权纠纷案件应用法律若干问题的解释》第19条第2款的规定，"被诉侵犯专利权行为发生在2009年10月1日以前且持续到2009年10月1日以后，依据修改前和修改后的专利法的规定侵权人均应承担赔偿责任的，人民法院适用修改后的专利法确定赔偿数额。"该案应适用2008年修改后的专利法确定具体赔偿数额。修改后的《专利法》第65条规定，"侵犯专利权的赔偿数额按照权利人因被侵权所受到的实际损失确定；实际损失难以确定的，可以按照侵权人因侵权所获得的利益确定。权利人的损失或者侵权人获得的利益难以确定的，参照该专利许可使用费的倍数合理确定。赔偿数额还应当包括权利人为制止侵权行为所支付的合理开支。权利人的损失、侵权人获得的利益和专利许可使用费均难以确定的，人民法院可以根据专利权的类型、侵权行为的性质和情节等因素，确定给予一万元以上一百万元以下的赔偿。"

该案中，格力公司请求判令两被告连带赔偿其经济损失人民币300万元。格力公司提出计算赔偿数额的主要依据包括《资产评估报告书》以及格力公司制作的销量下滑的计算依据。由于格力公司提交的《资产评估报告书》属自行委托进行的评估咨询，美的公司对该评估报告不予认可，故不予采纳。即使可以接受该证据，由于格力公司未能提交直接有效的证据证明涉案发明专利许可使用费的真实性和合理性，也无法参照上述评估价值计算该案赔偿数额。至于格力公司根据其制作的销量下滑的计算依据主张因被侵权所受到的损失超过1000万元，由于有关数据内容系格力公司自行核算的结果，在没有其他证据佐证的情况下，不能据此确定该案赔偿数额。因此，格力公司请求的人民币300万元赔偿数额的事实依据和计算依据不足，不予采纳。因该案无法查明格力公司因被侵权所受到的损失，故应按美的公司获利确定赔偿数额。

　　庭审中,格力公司亦主张按照侵权人获得的利益确定赔偿数额。该案查明的事实表明美的公司在其生产的型号为KFR-23GW/DY-V2(E2)、KFR-26GW/DY-V2(E2)、KFR-32GW/DY-V2(E2)、KFR-35GW/DY-V2(E2)空调器产品中擅自使用涉案发明专利方法,侵犯了格力公司涉案发明专利权。但美的公司仅提供了型号为KFR-26GW/DY-V2(E2)空调器产品的相关数据,难以认定美的公司因侵权所获得的利益。美的公司生产销售型号为KFR-26GW/DY-V2(E2)空调器产品的利润为477 000元。由于美的公司在原审法院释明相关法律后果的情况下,仍拒不提供其生产销售其他型号空调器的相关数据。根据《最高人民法院关于民事诉讼证据的若干规定》第75条的规定,"有证据证明一方当事人持有证据无正当理由拒不提供,如果对方当事人主张该证据的内容不利于证据持有人,可以推定该主张成立。"据此,推定美的公司生产销售型号为KFR-23GW/DY-V2(E2)、KFR-32GW/DY-V2(E2)、KFR-35GW/DY-V2(E2)三款空调器产品的利润均不少于477 000元。因此,即使以美的公司提供的生产销售利润相关型号空调器产品的利润为依据,美的公司获得的利益也明显超过修改后的《中华人民共和国专利法》规定的100万元法定赔偿最高限额。基于此,该案如果仅以格力公司未提供有效证据为由,就认定格力公司无法证明其经济损失或者被告获得的利益即适用法定赔偿,显然与最高人民法院在权利人因被侵权所受到的损失或者被控侵权人因侵权所获得的利益均难以确定的情况下,再适用法定赔偿的司法解释精神相违背。因此,应当综合全案的证据情况,在法定赔偿限额100万元以上合理确定赔偿额。

　　原审法院确定美的公司的赔偿数额,主要考虑下列因素:①涉案专利系发明专利,需要投入较大的研发成本,且该专利已实际进入专利实施转化环节,具有较高市场价值;②美的公司明知格力公司享有涉案发明专利权的情况下,仍在其生产的有关型号空调器产品中擅自使用专利方法,主观过错程度明显,且其生产销售时间长达2年零5个月,应当在赔偿额上也有所体现;③在该案诉讼过程中,美的公司能提供而拒不提供其生产销售有关空调器产品的相关数据;④美的公司生产销售型号为KFR-26GW/DY-V2(E2)空调器产品的利润为477 000元;此外,根据修改后的《专利法》第65条规定,赔偿数额还应当包括权利人为制止侵权行为所支付的合理开支。格力公司实际请求为制止侵权行为支付的合理开支为190 703.70元。根据案件具体情况,在有票据证明的合理开支数额的基础上,考虑其他确实可能发生的支出因素,在格力公司主张的合理开支赔偿数额内,可综合确定合理开支赔偿额。根据上述因素,综合确定美的公司赔偿格力公司经济损失200万元(含格力公司为制止侵权行为需支出的合理费用在内)。一审判决后,美的公司提起上诉。广东省高级人民法院二审判决驳回上诉,维持原判。

该案双方当事人均为国内知名家电企业,案情疑难复杂,社会影响大。二审法院正确适用相关法律及司法解释的规定,合理适用举证责任规则以及事实推定规则,在准确认定案件事实的基础上,就等同技术特征的认定、侵权赔偿数额的确定、侵权赔偿数额与法定赔偿最高限额的关系等疑难法律问题进行了深入的分析,说理充分、透彻,对同类案件的审理具有较强的借鉴意义。

二、采取优势证据标准认定损害赔偿事实

对实际损失难以查明,但有证据证明该损失明显超过法定赔偿最高限额的,在法定最高限额以上合理确定赔偿额。优势证据制度,指在民事诉讼中实行优势证据证明标准来对证据予以采信的制度。如果综合全案证据,使法官有合理理由相信某一待证事实存在的可能性明显大于不存在的可能性的,尽管还不能100%排除怀疑,也应当允许法官根据优势证据认定

该事实。❶

优势证据标准建立在客观事物之间相互联系的盖然性的基础上,即"当证据与待证事实之间的关联不是确定无疑的,而是存在这种或那种的可能时",才需要运用优势证据来得出一个相对真实的"事实"。同时这种盖然性要求具有相对高度优势,在法官对双方当事人所提供的证据进行综合权衡后,取其占相对优势者作为定案依据。❷

最高法院关于《民事诉讼证据的若干规定》第73条规定,双方当事人对同一事实分别举出相反的证据,但都没有足够的依据否定对方证据的,人民法院应当结合案件情况,判断一方提供证据的证明力是否明显大于另一方提供证据的证明力,并对证明力较大的证据予以确认。

《最高人民法院关于当前经济形势下知识产权审判服务大局若干问题的意见》(法发〔2009〕23号)指出,在确定损害赔偿时要善用证据规则,全面、客观地审核计算赔偿数额的证据,充分运用逻辑推理和日常生活经验,对有关证据的真实性、合法性和证明力进行综合审查判断,采取优势证据标准认定损害赔偿事实。对于难以证明侵权受损或侵权获利的具体数额,但有证据证明前述数额明显超过法定赔偿最高限额的,应当综合全案的证据情况,在法定最高限额以上合理确定赔偿额。

(一)运用自由裁量权酌定赔偿

在知识产权侵权诉讼中,若当事人有证据证明其损失或获利明显超过法定赔偿最高限额或低于法定赔偿最低限额,但不能准确计算权利人实际损失或侵权人侵权获利的具体数额的,人民法院可以在法定最高限额以上或

---

❶刘晓.证明妨碍规则在确定知识产权损害赔偿中的适用[J].知识产权,2017(2)58.

❷广东省高级人民法院关于《广东法院"探索完善司法证据制度破解知识产权侵权损害赔偿难"试点工作座谈会纪要》的起草说明。

最低限额以下合理确定权利人的实际损失或侵权人的侵权获利数额。❶

例如,在腾讯公司诉奇虎公司不正当竞争纠纷一案中,法院综合考虑以下因素确定被告应当赔偿原告经济损失的数额:第一,被告实施的侵权行为给原告造成的损失所包括的项目。第二,互联网环境下侵权行为的迅速扩大及蔓延。现有证据可以确定使用侵权软件"扣扣保镖"的用户至少超过1000万。被告的侵权行为凭借互联网环境下的传播特点迅速波及腾讯QQ的广大用户,造成的负面影响迅速扩散。尤其是,被告对原告的商业诋毁所造成的严重后果并不会随着软件的召回或者原告对QQ软件的升级而终止,商业诋毁一旦在互联网环境下广泛传播,其影响必须经过一个较长的沉淀期,并且在各方面努力之下,才能逐渐消除。第三,原告商标和公司声誉的市场价值。原告腾讯公司的"QQ"注册商标被国家工商行政管理总局商标局认定为驰名商标,并于2011年获得世界知识产权组织和国家工商行政管理总局联合颁发的第四届"商标创新奖"。据2010年腾讯控股有限公司年报,截至2009年12月31日公司商誉账面净值为人民币6223.4万元。原告是中国目前最大的即时通讯经营商,凭借其跨通信、SNS及社交媒体的多平台社交网络,持续在国内社交网络行业处于领先地位。2010年腾讯控股有限公司收入1 964 603.1万元人民币,毛利1 332 583.1万元人民币,资产总额3 583 011.4万元人民币。第四,被告具有明显的侵权主观恶意。第五,原告为维权所支付的合理费用。综上,仅从"扣扣保镖"推出市场后72小时内即有1000万以上用户下载这一事实来看,法院确信该1000万用户运行"扣扣保镖"屏蔽原告的广告、游戏以及插件给原告造成的损失已经超出50万元。故法院从优势证据的规则出发,在即使无法确定原告所遭遇的经济损失的具体数额,但可以确定该数额已经远远超过50万元法定赔偿限额的情形下,酌情确定两被告应连带赔偿两原告经济损失及合理维权费用共计人民币500万元。

---

❶张广良.举证妨碍规则在知识产权诉讼中的适用问题研究[J].法律适用,2008(7)18.

此类案例较好地贯彻了有关司法政策,尽可能遵循全面赔偿原则去保护权利人利益。

(二)实际查明数额与酌定数额相结合计算赔偿数额

当事人提供了据以计算权利人损失或侵权人获利所需的销售数量等数据,其他所需数据尚不能确定的,人民法院可以参考许可费、行业一般利润率、侵权行为的性质、持续时间、当事人的主观过错等因素,酌定计算赔偿所需的其他数据,以实际查明数额与酌定数额相结合的方法计算实际损失数额或侵权人的侵权获利数额。

在北京长地万方科技有限公司诉深圳市凯立德计算机系统技术有限公司等侵犯著作权纠纷案中❶,北京长地万方科技有限公司(以下简称“长地万方公司”)和深圳市凯立德计算机系统技术有限公司(以下简称“凯立德公司”)均为具有导航电子地图制作资质的企业。2007 年 7 月 25 日,长地万方公司在佛山市劲力汽车用品有限公司南海分公司购买了深圳市中佳讯科技有限公司生产的中佳讯 DH-105GPS 导航器两台,内装有凯立德公司和凯立德欣技术(深圳)有限公司(以下简称“凯立德欣公司”)制作的《凯立德全国导航电子地图(362 城市)》。长地万方公司遂将上述四被告诉至佛山市中级人民法院,要求停止侵权、公开道歉并赔偿损失 1000 万元。

一审法院认为,长地万方公司要求凯立德公司和凯立德欣公司停止侵权、赔礼道歉、赔偿经济损失,于法有据,原审法院予以支持。具体方式及赔偿数额原审法院将根据凯立德公司和凯立德欣公司的主观过错、侵权方式、涉案作品的市场价值等依法确定,长地万方公司因诉讼支出的合理费用,亦应由凯立德公司和凯立德欣公司一并赔偿。在确定该案赔偿额,一审法院主要考虑如下因素:①在法院保全过程中,凯立德公司和凯立德欣公司拒不

---

❶霍守明. 试论我国民事诉讼“明显优势证据”证明标准[J]. 贵州工业大学学报(社会科学版),2005(5).

提供有关侵权产品的财务账册；②凯立德公司在答辩状中自称在2006—2007年连续5个季度在GPS后装导航电子地图市场销售占有率达到50.1%，其销售量已占据全国市场的一半以上。凯立德公司在答辩状中称"……公司生产制作的《凯立德全国导航电子地图（31省362城市）》的多个版本导航电子地图产品已广泛应用在车载导航仪、智能手机、PDA/PND/PMP、数码相机等不同导航设备上，在2006—2007年连续5个季度在GPS后装导航电子地图市场销售占有率达到50.1%，其销售量已占据全国市场的一半以上……"；在原审法院做出诉中禁令后凯立德公司在其网站上对外公开宣称"赛迪报告显示，上个季度我们仍然保持了市场销量第一，这已经是自有权威第三方统计数据以来连续第9个季度保持销量第一了"。国内权威调查机构赛迪顾问（CCID）2007年5月发布的调查报告《2006年度至2007第一季度中国GPS后装导航电子地图及软件市场监测研究报告》显示，2006年全年中国后装导航地图软件市场总共销售8.25万套，2007年第一季度市场总销量为12.43万套，2007年度每套导航电子地图产品的平均售价是300元。按照凯立德公司的自称，其2006年度至2007年第一季度连续5个季度销售占有率达到50.1%，其销售量已占据全国市场的一半以上，则可知凯立德公司在2007年一个季度中其被控产品销售量达到：12.43万套×50.1%＝6.227万套，按每套产品平均销售单价300元计，其销售额可达到：6.227万套×300元/套＝1868.1万元；计全年四个季度，其产品销售量可达6.227×4＝24.908万套，其销售额可达到24.908万套×300元/套＝7472.4万元。因侵权产品的制作成本费用低，利润高，按凯立德公司和凯立德欣公司是从2007年1月份开始生产、销售侵权产品起算，至长地万方公司2007年7月份公证购买时止侵权期间为半年，至原审法院2008年5月份诉中禁令生效时止侵权期间为1年5个月，凯立德公司和凯立德欣公司到目前为止直接侵权获利数额至少在一千万元人民币以上。据此，一审法院判决凯立德公司、凯立德欣公司自判决生效之日起十日内,赔偿长地万方公司经济损失1000万元。当事人不服,向广东省高级人民法院上诉。

二审法院认为:第一,凯立德公司在其公司网页上为进行广告宣传而宣称赛迪顾问公司对凯立德公司导航产品销量、市场占有率进行了统计分析。该案中,赛迪顾问公司未以证人身份参加一、二审诉讼,赛迪顾问公司的统计分析是否权威、科学、客观、真实,长地万方公司没有提交其他证据予以佐证。第二,原审判决采信的"2007年度每套导航电子地图产品的平均售价是300元"这一事实,没有依据。第三,一审、二审期间长地万方公司也没有提交权威部门发布的导航电子产品和导航电子地图的利润率数据。因此,原审法院依据赛迪顾问公司的统计数据,得出凯立德公司和凯立德欣公司侵权获利数额至少在1000万元人民币以上的结论,依据不足。

至于长地万方公司提交的评估咨询报告,属长地万方公司自行委托进行的评估咨询,凯立德公司和凯立德欣公司均对该份评估咨询报告不予认可,因此,不应予以采纳。长地万方公司在二审期间提交的凯立德公司及凯立德欣公司2005—2007年度工商年检资料中所披露的凯立德公司及凯立德欣公司的年度净利润,也不能据此确定系凯立德公司和凯立德欣公司因《凯立德全国导航电子地图(362城市)》侵犯长地万方公司第四版《"道道通"电子导航地图》著作权获利的具体数额。

鉴于该案长地万方公司的实际损失以及凯立德公司和凯立德欣公司侵权获利具体数额均不能确定,法院不能支持长地万方公司提出的赔偿数额。法院确定凯立德公司和凯立德欣公司的赔偿数额,主要考虑下列因素:①该案作品属全国导航电子地图,制作投入的人力、物力巨大,市场利润率较高;②凯立德公司和凯立德欣公司不能提供创作被控侵权产品的任何证据,侵权性质恶劣、侵权时间为一年零五个月;③凯立德公司在答辩状中自称在2006—2007年连续5个季度在GPS装导航电子地图后市场销售占有率达到

50.1%,其销售量已占据全国市场的一半以上;④在原审法院保全过程中,凯立德公司和凯立德欣公司拒不提供有关侵权产品的财务账册;⑤已生效的北京市第一中级人民法院(2008)一中民终字第6833号民事判决认定凯立德公司制作的《凯立德全国导航电子地图(335城市)》侵犯长地万方公司《"道道通"电子导航地图》第一、二、三版著作权,该案认定的事实系凯立德公司重复侵权,主观过错明显。法院根据上述因素,综合确定凯立德公司和凯立德欣公司赔偿长地万方公司经济损失100万元。

审理该案的法官认为,在法定赔偿最高限额以上确定赔偿额遵循了全面赔偿原则,一定程度克服了法定赔偿的僵化限制,使赔偿数额更加接近客观真实,对于维护权利人的合法权利至关重要。但这种赔偿方式应当是法定赔偿的例外,而非常态,要进行严格限制,只有具备特定的条件时才能适用。笔者认为,在法定赔偿最高限额以上确定赔偿额应该考虑几个重要的因素:①侵权受损或侵权获利的事实客观存在;②不能根据侵权受损或侵权获利准确确定赔偿数额;③有证据证明侵权受损或侵权获利的数额较大,明显超过法定赔偿最高限额;④要综合全案证据在50万以上确定赔偿数额,一般可掌握以超过法定最高限额的1~2倍为限。

参考文献

［1］郑成思．知识产权论［M］．3版．北京：法律出版社，2007．

［2］郑成思．知识产权——应用法学与基本理论［M］．北京：人民出版社，2005．

［3］薛虹．网络时代的知识产权法［M］．北京：法律出版社，2000．

［4］薛虹．十字路口的国际知识产权法［M］．北京：法律出版社，2012．

［5］吴汉东，等．知识产权基本问题研究［M］．2版．北京：中国人民大学出版社，2009．

［6］吴汉东．知识产权总论［M］．3版．北京：中国人民大学出版社，2013．

［7］吴汉东．知识产权制度基础理论研究［M］．北京：知识产权出版社，2009．

［8］王泽鉴．侵权行为［M］．最新版．北京：北京大学出版社，2009．

［9］王泽鉴．民法总则［M］．最新版．北京：北京大学出版社，2009．

［10］陈聪富．侵权归责原则与损害赔偿［M］．北京：北京大学出版社，2005．

［11］曾世雄．损害赔偿法原理［M］．北京：中国政法大学出版社，2001．

［12］张新宝．侵权责任构成要件研究［M］．北京：法律出版社，2007．

［13］金福海．惩罚性赔偿制度研究［M］．北京：法律出版社，2008．

［14］关淑芳．惩罚性赔偿制度研究［M］．北京：中国人民公安大学出版社，2008．

［15］王军．侵权损害赔偿制度比较研究［M］．北京：法律出版社，2011．

[16]薛波.元照英美法词典[M].北京:法律出版社,2003.

[17]王军.侵权行为法比较研究[M].北京:法律出版社,2006.

[18]冯晓青.知识产权法哲学[M].北京:中国人民公安大学出版社,2003.

[19]冯晓青.知识产权法利益平衡理论[M].北京:中国政法大学出版社,2006.

[20]张广良.知识产权侵权民事救济[M].北京:法律出版社,2003.

[21]阳平.论侵害知识产权的民事责任——从知识产权特征出发的研究[M].北京:中国人民大学出版社,2005.

[22]李琛.论知识产权法的体系化[M].北京:北京大学出版社,2005.

[23]蒋志培.中国知识产权司法保护[M].北京:中国传媒大学出版社,2008.

[24]于敏.日本侵权行为法[M].2版.北京:法律出版社,2006.

[25]卜耀武.当代外国商标法[M].北京:人民法院出版社,2003.

[26]曾隆兴.详解损害赔偿法[M].北京:中国政法大学出版社,2004.

[27]叶京生.知识产权制度与战略——他山之石[M].北京:立信会计出版社,2006.

[28]刘艳萍.美国专利法[M].北京:中国民主法制出版社,2006.

[29]和育东.美国专利侵权救济[M].北京:法律出版社,2009.

[30]李响.美国知识产权法:原则、案例及材料[M].北京:中国政法大学出版社,2004.

[31]周长玲.美国版权法经典案例评析[M].北京:中国政法大学出版社,2013.

[32]李明德.美国知识产权法[M].2版.北京:法律出版社,2014.

[33]吴景明,戴志强,等.商标法:原理·规则·案例[M].北京:清华大学出版社,2006.

[34]黎长志.知识产权损害赔偿实务[M].北京:中国民主法制出版社,2005.

[35]张民安.现代法国侵权责任制度研究[M].北京:法律出版社,2007.

[36]强世功.惩罚与法治[M].北京:法律出版社,2009.

[37]李岳.精神损害赔偿计算标准[M].北京:中国法制出版社,2007.

[38]彭汉英.财产法的经济分析[M].北京:中国人民大学出版社,2000.

[39]朱谢群.创新性智力成果与知识产权[M].北京:法律出版社,2004.

[40]胡玉鸿.法学方法论导论[M].济南:山东人民出版社,2002.

[41]马特.不正当竞争损害赔偿计算标准[M].北京:中国法制出版社,2005.

[42]朱丹.知识产权惩罚性赔偿制度研究[M].北京:法律出版社,2016.

[43]波斯纳.法律的经济分析:第7版[M].蔡兆康,译.2版.北京:法律出版社,2012.

[44]博登海默.法理学:法律哲学与法律方法[M].邓正来,译.北京:中国政法大学出版社,2004.

[45]巴尔.欧洲比较侵权行为法:下卷[M].焦美华,译.张新宝,审校.北京:法律出版社,2004.

[46]福克斯.侵权行为法[M].齐晓琨,译.北京:法律出版社,2006.

[47]庞德.法理学[M].廖德宇,译.北京:法律出版社,2007.

[48]谢尔曼,本特利.现代知识产权法的演进:1760—1911英国的历程[M].金海军,译.北京:北京大学出版社,2006.

[49]拉伦茨.法学方法论[M].陈爱娥,译.北京:商务印书馆,2004.

[50]福克斯.侵权行为法[M].齐晓棍,译.北京:法律出版社,2004.

[51]德霍斯.知识财产法哲学[M].周林,译.北京:商务印书馆,2008.

[52]星野英一.民法劝学[M].张立艳,译.北京:北京大学出版社,2006.

[53]田中英夫,竹内昭夫.私人在法实现中的作用[M].李薇,译.北京:法律出版社,2006.

[54]梅因.古代法[M].高敏,瞿慧虹,译.北京:中国社会科学出版社,2009.

[55]郑成思.信息、知识产权与中国知识产权战略若干问题[J].环球法律评论,2006(3).

[56]郑成思.中国知识产权制度的建立与知识产权保护现状[J].中华商标,2005(4).

[57]郑成思.私权、知识产权与物权的权利限制[J].法学,2004(9).

[58]郑成思.侵权责任、损害赔偿责任与知识产权保护[J].中国专利与商标,2004(4).

[59]郑成思.国际知识产权保护和我国面临的挑战[J].法制与社会发展,2006(6).

[60]郑成思.知识产权法学与民法学[J].安徽师范大学学报(人文社会科学版),2006(4).

[61]薛虹.论开放的版权限制与例外[J].中国版权,2012(6).

[62]薛虹.知识产权准多边国际体制的扩张[J].暨南学报(哲学社会科学版),2012(6).

[63]薛虹.全球域名系统知识产权保护措施最新发展研究[J].知识产权,2012(1).

[64]薛虹.制止盗版与保卫网络自由的平衡[J].中国审判,2012(6).

[65]王利明.惩罚性赔偿研究[J].中国社会科学,2000(4).

[66]王利明.美国惩罚性赔偿制度研究[J].比较法研究,2003(5).

[67]吴汉东.中国知识产权法制建设的评价与反思[J].中国法学,2009(1).

[68]吴汉东.国际变革大势与中国发展大局中的知识产权制度[J].法学研究,2009(2).

[69]吴汉东.《著作权法》第三次修改的背景、体例和重点[J].法商研究,2012(4).

[70]吴汉东.试论知识产权限制的法理基础[J].法学杂志,2012(6).

[71]冯晓青.知识产权法的价值构造:知识产权法利益平衡机制研究[J].中国法学,2007(1).

[72]冯晓青.知识产权法的公平正义价值取向[J].电子知识产权,2006(7).

[73]温世扬、邱永清.惩罚性赔偿与知识产权保护[J].法律适用,2004(12).

[74]郑谦.论惩罚性赔偿在我国知识产权领域实行的可行性——以著作权法为例[J].法制与社会,2011(34).

[75]纪璐.论惩罚性赔偿在知识产权领域适用的合理性[J].中国版权,2012(6).

[76]彭复波.论惩罚性赔偿制度在知识产权案件中的确立与适用[J].今日南国.2008(4).

[77]钱玉文,骆福林.论我国知识产权法中的惩罚性赔偿[J].法学杂志,2009(4).

[78]易健雄,邓宏光.应在知识产权领域引入惩罚性赔偿[J].法律适用,2009(4).

[79]胡海容,雷云.知识产权侵权适用惩罚性赔偿的是与非——从法经济学角度解读[J].知识产权,2012(2).

[80]杨丛瑜,王坤.惩罚性赔偿在我国知识产权侵权领域的引入[J].重庆科技学院学报(社会科学版),2012(21).

[81]杨丛瑜.惩罚性赔偿在著作权侵权领域的引入[J].云南农业大学学报,2016(6).

[82]王真平.从经济法视角看我国惩罚性赔偿制度[J].法制与社会,2013(15).

[83]李友根.美国惩罚性赔偿制度的宪法争论——过重罚金条款与我国的惩罚性赔偿制度[J].法学论坛,2013(5).

[84]张玲,纪璐.美国专利侵权惩罚性赔偿制度及其启示[J].法学杂志,2013(2).

[85]陈燕萍.知识产权领域惩罚性赔偿制度的中国式选择探析[J].科技与法律,2012(5).

[86]庄秀峰.保护知识产权应增设惩罚性赔偿[J].法学杂志,2002(5).

[87]董天平,邰中林.著作权侵权损害赔偿问题研讨会综述[J].知识产权,2000(6).

[88]和育东.专利侵权损害赔偿计算制度:变迁、比较与借鉴[J].知识产权,2009(5).

[89]肖尤丹,谢祥.知识产权效率价值的理论渊源[J].重庆理工大学学报.2010(1).

[90]王卫国.中国消费者保护法上的欺诈行为与惩罚性赔偿[J].法学,1998(5).

[91]刘荣军.惩罚性损害赔偿与消费者保护[J].现代法学,1996(5).

[92]朱凯.惩罚性赔偿制度在侵权法中的基础及其适用[J].中国法学,2003(3).

[93]许明月.资源配置与侵犯财产权责任制度研究——从资源配置的效果看侵犯财产权民事责任制度的设计[J].中国法学,2007(1).

[94]崔明峰,欧山.英美法上惩罚性赔偿制度研究[J].河北法学,2000(3).

[95]董文军.论我国《消费者权益保护法》中的惩罚性赔偿[J].当代法学.2006(3).

[96]张新宝,李倩.惩罚性赔偿的立法选择[J].清华法学,2009(4).

[97]杨立新.消费者权益保护法规定惩罚性赔偿责任的成功与不足及完善措施[J].清华法学,2010(3).

[98]金福海.论惩罚性赔偿责任的性质[J].法学论坛,2004(3).

[99]李占荣.商业秘密侵权行为的经济分析[J].甘肃教育学院学报,2001(2).

[100]邢海宝,余浩.论惩罚性赔偿制度的确立与适用[J].河南省政法管理

干部学院学报,2005(2).

[101]刘水林.论民法的"惩罚性赔偿"与经济法的"激励性报偿"[J].上海财经大学学报,2009(4).

[102]陈灿平.惩罚性赔偿制度的理论定位与适用范围[J].湖南大学学报(社会和学版),2011(4).

[103]王旭亮.民法世界里的罪与罚——惩罚性赔偿的法理阐释[J].研究生法学,2006(6).

[104]曹新明.知识产权主体制度的演进趋向[J].法商研究,2005(5).

[105]曹新明.知识产权法哲学理论反思——以重构知识产权制度为视角[J].法制与社会发展,2004(6).

[106]曹新明.知识产权制度伦理性初探[J].江西社会科学,2005(7).

[107]曾平,周详.知识产权损害赔偿责任研究——对知识产权损害赔偿的个案分析[J].知识产权,2008(4).

[108]梅雪芳,陈晓峰.知识产权法定赔偿适用问题研究[J].中国发明与专利,2009(1).

[109]石磊.知识产权审判中的法定赔偿原则[J].人民司法,2003(5).

[110]朱鸿雁.浅析知识产权侵权损害的赔偿[J].天津科技,2006(1).

[111]钱玉文.论我国知识产权法定赔偿制度的司法适用[J].社会科学家,2008(2).

[112]粟源.知识产权的哲学、经济法和法学分析[J].知识产权,2008(5).

[113]周平.知识产权侵权损害赔偿问题探讨——兼谈我国三部知识产权法律的修改[J].电子知识产权,2003(4).

[114]李永明.知识产权侵权损害法定赔偿研究[J].中国法学,2002(5).

[115]梁志文.著作权法中法定赔偿制度比较研究[J].电子知识产权,2006(2).